走开，偏见君!

摆脱本能对我们的无形控制

TIFFANY JANA
MATTHEW FREEMAN

蒂法妮·亚娜 马修·弗里曼 著

吴明超 译

OVERCOMING BIAS

世界图书出版公司
北京·广州·上海·西安

图书在版编目（CIP）数据

走开，偏见君！摆脱本能对我们的无形控制 /（美）蒂法妮·亚娜，马修·弗里曼著；吴明超译.
— 北京：世界图书出版有限公司北京分公司，2020.10
书名原文：Overcoming bias:building authentic relationships across differences
ISBN 978-7-5192-7684-3

Ⅰ.①走… Ⅱ.①蒂… ②吴… Ⅲ.①成见—心理学分析—通俗读物 Ⅳ.①C912.62-49

中国版本图书馆CIP数据核字（2020）第145660号

Copyright © 2016 by Tiffany Jana and Matthew Freeman
Copyright licensed by Berrett-Koehler Publishers
arranged with Andrew Nurnberg Associates International Limited

书　　名	走开，偏见君！摆脱本能对我们的无形控制 ZOUKAI, PIANJIAN JUN! BAITUO BENNENG DUI WOMEN DE WUXING KONGZHI
著　　者	（美）蒂法妮·亚娜（美）马修·弗里曼
译　　者	吴明超
责任编辑	王　鑫　刘　虹
特约编辑	兰红新
装帧设计	园　里
出版发行	世界图书出版有限公司北京分公司
地　　址	北京市东城区朝内大街137号
邮　　编	100010
电　　话	010-64038355（发行）　64037380（客服）　64033507（总编室）
网　　址	http://www.wpcbj.com.cn
邮　　箱	wpcbjst@vip.163.com
销　　售	各地新华书店
印　　刷	天津丰富彩艺印刷有限公司
开　　本	880 mm × 1230 mm　1/32
印　　张	6
字　　数	120千字
版　　次	2020年10月第1版
印　　次	2020年10月第1次印刷
版权登记	01-2020-5502
国际书号	ISBN 978-7-5192-7684-3
定　　价	45.00元

如有质量或印装问题，请拨打售后服务电话 010-82838515

非常感谢我们的父母

如果没有他们

我们就可能因为偏见而无法尊重差异

并坠入爱河

致 谢

非常感谢我们的孩子赛思(Seth)、内奥米(Naomi)和萨巴(Saba),感谢你们能够体谅我们(我们把日程安排得如此紧凑)。

非常感谢克里斯蒂·科尔曼(Christy Coleman)、阿特·埃斯佩(Art Espey)、琳达·纳什(Linda Nash)和戴维·坎普特(David Campt)的指导。

非常感谢来自城市家庭的卡拉·普拉特·凯斯(Carla Pratt Keyes)和霍普(Hope),感谢你们提供周到的帮助和指导。

非常感谢比尔·马丁(Bill Martin)、凯利·乔普斯(Kelly

Chopus)、梅根·高夫(Meghan Gough)、凯利·帕姆利(Kelli Parmley)和贾森·史密斯(Jason Smith),你们一直是我们的有力支持者和社区合作伙伴。

最后要非常感谢TMI咨询公司这个大家庭,尤其是劳拉·斯旺森·鲍泽(Laura Swanson Bowser)。他们一直给予我们的有力的支持,促成了这本书的问世。

序言

《走开，偏见君！》是这样一本书：描述了一种人类具有的更偏爱某些人和事的倾向，以及如何有意识地去信任与自己不同的人。简而言之，偏见是一种人们厚此薄彼的偏好，比如有的人喜欢温暖的天气而不喜欢寒冷的天气。偏见是人类的一种生存本能，在这个每天都有成千上万种选择的世界里，它可以帮助人类的大脑快速地做出选择。偏见的问题在于它并不仅仅局限于天气，其内涵还可以包括对人群进行快速分类方面，即哪些是我们本能信任的群体，哪些是我们不信任或恐惧的群体。

我们在全书中使用了"差异"这个词语，这是因为如果个体没有差异，偏见就不会产生。这，对于我们偏爱或者讨厌的人来说尤其如此。人们都喜欢和与自己类似的人相处，这是因为当彼此分享相似的价值观和经历时，大家能产生共鸣。但当我们想要或需要与来自各行各业的人建立联系时，挑战也就随之而来。

从不同的教育背景到不同的年龄段，人与人之间在各个方面都可能存在差异。差异还涉及种族、宗教和移民身份等政治化程度很高的内容，但并不局限于上述领域中的任何一个，还可能包括与你不同的任何事物。当你用到这本书时，这些差异是重要的区别因素，因为它们将挑战你。是的，这是一本你用得上的书，仅仅浅尝辄止是不够的，你必须细细品味。本书囊括了一些经历、感想和练习，可以帮助你克服偏见，并使你娴熟地处理偏见。

如果人们不去克服自身的偏见，就可能会因轻率的本能反应而在不经意间损害自己的人际关系，并与他人渐行渐远。总的来说，从教育系统到医疗保健领域再到工作场所，人们的偏见在这些环境中导致了不同的结果。大多数情况下，当我们逐渐变得成熟并具有丰富的经验时，就会产生一些根本未曾被重新考虑过的偏见。我们在有意识地坚持信仰的同时，会不自觉地固守那些自己在年轻时曾遇到过但从未重新审视的错误观念。这本书将会帮助你或你认识的人拨开思想上的迷雾，并构建起尊重差异的、更牢固的、更真实的关系。

之所以写这本书,是因为我们从事管理咨询工作,在工作中经常会面对一些由不加控制的偏见而造成的挑战。无论是那些觉得自己因为偏见而被冷落和低估的员工,还是那些觉得自己唯一的出路就是提起歧视或骚扰诉讼的员工,我们都清清楚楚地了解过他们的境遇。

我们写这本书,主要是为了帮助人们在对话中控制偏见,更好地了解偏见并帮助自己和周围的人克服偏见。所以,你完全没有必要等到员工变得无所事事,或者事情糟糕到有人要起诉你或你的公司时才开始行动。从个人角度来说,你完全可以有所作为,例如去阻止你信任的朋友或亲人说出一些你认为会对他人造成伤害的带有偏见的话语。本书可以向你提供一些技巧,让你能够和你的朋友和家人,或者你的团队很好地在一起相处和工作,彼此尊重、彼此关怀。我们的目标是为你提供你所需要的一切,帮助你很好地理解和谈论偏见,并最终克服偏见,从而使你在个人生活和职业生涯中建立起更牢固的关系网。

目 录

引言：为什么人人都有偏见？ / I

CHAPTER 1
什么是偏见？为什么它如此重要？ / 001

练习 1：职业联想 / 007

练习 2：内隐联想测验 / 011

CHAPTER 2
从你自身开始 / 023

练习 3：个性化 / 035

CHAPTER 3
圈内人和圈外人 / 047

练习 4：故意唱反调 / 059

练习 5：走出舒适区 / 067

CHAPTER 4
检视你的特权（和自负） / 071

练习 6：关于特权的 TEDx 演讲的威力 / 078

CHAPTER 5
审视扩展 / 099

练习 7：多样性清单 / 117

练习 8：文化清单 / 119

CHAPTER 6
不要假设而要询问 / 127

练习 9：质疑你的假设 / 142

CHAPTER 7
不要评判而要倾听 / 145

练习 10：学会在共进午餐时倾听 / 153

结语 / 156

注释 / 163

关于作者 / 167

引言：
为什么人人都有偏见？

你是否曾留意到关于偏见的对话、文章或新闻报道？你是否曾怀疑自己对他人怀有偏见，或者是否察觉到自己曾将偏见施加于他人，或是否亲身经受过别人对自己的偏见？你是否正在寻找方法，以此来验证内心的偏见是否正妨碍自己的人际关系或自己在事业上的成功？如果是这样，那么我们可以帮助你解决这些问题。人人都怀有偏见，这是生活中十分令人烦恼和沮丧的客观事实。当我们处在这样的情况下时会想："哦，不，这并不是真的。他怎么能认为他说的是对的呢？"或者更糟糕的是，我们可能还会想："我刚才为什么要这样说呢？"我们大多数人在面对这些情况时都会变得麻木不仁。这并非因为我们是坏人，而是因为我们不想让糟糕的情况变得更糟。

在本书中，我们探讨了偏见如此重要的原因。我们坚信，我们定义的这些术语将会帮助你增进对偏见的了解。我们花了很多篇幅来讨论如何从认识偏见转向通过采取有意义的行动来克服它。偏见很重要，因为我们每个人都有偏见。但如果不加以控制，它就会让你在无意中把别人推向对立面。这正是我们谈论要尊重差异并建立真正的关系的原因。本书为人们建立和加强人际关系提供了路径和方法，以免其受制于自身无意识的偏见。你会从中看到一些经历、感想和练习，它们会帮助你改变思维模式，使你变得更加地积极主动，而你对偏见的反应也不会再像前面说得那么大。

那么，我们提到的"克服偏见"究竟是什么意思呢？其实，我们所说的克服偏见指的是控制、战胜和征服偏见。人们对偏见是无法自然或彻底免疫的，我们在之前已经说过这一点，而且在接下来的一些章节中还会继续阐述。再强调一次，人人都有偏见。克服偏见的一个重要的方法是控制它，而不是让它控制你。我们可以把控制偏见看作是遏制坏习惯，就像控制吸烟或者吃糖果一样。为此,你必须学会控制自己的欲望。你首先要做的就是更多地了解自己的行为,知道什么会诱发自身的欲望,并尝试用一些办法来改掉坏习惯。由于控制往往是从意识开始的,所以我们在第1章设计了一些练习来帮助你识别自己的偏见。如果不知晓自身怀有何种偏见,你就无力去控制它,并可能会在无意中伤害别人。在这种情况下,无知不是幸福,而是特权。由于缺乏对自身偏见的认识,你将无法认识到自己的行为和态度对他人造成的影响,从而在社会上率性而为。特权在此并不是一个令人讨厌的字眼,而仅仅是一种对我们有利的东西。对我们来说,它在某种程度上具有优势。消除特权首先要做的就是,花一些时间增加自己对偏见的认识,从而控制偏见。不加控制的特权就表现为偏见,因此在第1章中列出的职业联想清单是非常有用的。

一旦了解了自身持有的偏见,你就能克服它,并接受它在自己的生活和人际关系中可能产生的任何影响。一些人可能会不认为自己能够克服偏见,但我们对此并不赞同。我们的意思是:在偏见可能会影响你对待别人的态度的情况下,你可以放慢脚步,做出理性的选择,而不是只依赖大脑的潜意识。如果成功地做到了这一点,那时,你就克服了自身的偏见。本书中提到的一些练习,如"故意唱反调"和"走出舒适区",要求你直面自己的偏见。有时你可能会因此觉得不舒服,但谁又能毫无畏惧、毫无不适地征服一切呢?你将会在书中看到合著者蒂法尼·亚娜(Tiffany Jana)亲身经历的一些例子,她克服了针对整个人群的特定偏见。为了帮助自己识别和控制自身的偏见,她与人群中的某些人建立了一种真诚的关系。随着时间的推移,她能够克服这种特殊的偏见,然后再确定其他需要自我改善的方面。当她把这些人纳入自己的圈子时,就克服了自己对整个人群的偏见(你会在本书第3章中学到更多)。

最后,我们认为,你可以通过持续终生的努力来克服自身固有的偏见。如果你能采取措施控制自身的偏见,并在关键时刻克服它,那么随着时间的推移,你可能会逐渐建立一种反射机制,其能使你长期克服偏见。战胜只意味着赢得了战斗,而征服则意味着赢得了整个战争。我们就拿蒂法尼的例子来说吧,识别偏见是第一步——通过提高认识来控制它。第二步是要与不同的人进行大量成功的、真实的交流,并建立起真正的友谊,我们可以将其看作是战胜偏见的做法。第三步就是征服偏见,这个时候,她不会再把她新朋友所属的团体看作是其他团体了。尽管她们之间的差异仍然存在,但不会再对她的情绪或行为产生负面影响了。征服偏见意味着不带偏见的行为(该行为中曾蕴含着一种已知的偏见)已成为一种自发的反应,就像呼吸与心跳一样。你无须再去识别它或做出无偏见的选择,它会成为默认设置,但这仅限于特定的偏见。接下来你得继续调整下一个偏见,重新开始这个过程。或者,你可以将同样的原理应用到更大范围内,以影响系统偏见——大规模的制度偏见。

真正的人际关系应该是真诚的。它没有别有用心的动机,可靠且值得信赖。这种关系建立在各方平等的前提下,不用考虑年龄、肤色、性别、地位或任何其他的变量——仅仅是因为人们在共同的人性基础上联系在一起。这种关系可以是真实的,但没必要过于亲密。一个人无须用灵魂来证明自己的真实性。相反,在特定关系的适当范围内,人与人之间的关系应该是真诚、阳光且没有恶意的。此外,关系还应该有界限。但无论人们的情感距离如何,真实的关系都是非常重要的。一旦将真实作为人际关系的基准,一个人的人性就不能也不应该被忽视或贬低。真实的人际关系的一些特征包括:好奇、善良、关爱、关心、同情、怜悯、骄傲、真诚、包容、热情、倾听、尊重和理解,以及有存在感、有共同的价值观。

人际关系是很复杂的。本书的合著者蒂法尼提及，她有一次在乘坐出租车时，司机曾问及她的职业。"当我说到自己的工作是致力于解决有关差异和包容的问题时，司机开始滔滔不绝地讲起黑人来，以及不明白那些大惊小怪是为了什么。"蒂法尼这样回忆道。这位司机是一名已退休的白人男性，并无恶意。他谈到了自己酗酒的父亲，并提及自己选择这个职业只是不想永远生活在贫困之中。他认为贫穷的黑人也同样应该选择不甘于贫穷的生活。

出租车司机的话对你有什么影响吗？你听完后想说些什么吗？你的回答是否取决于听到他评述的其他人？通常，促使偏见产生的背景会让我们陷入困境。有的人觉得有必要为受歧视的一方或另一方辩护，其他人则认为应尽可能地避免冲突。也许你根本没有察觉到出租车司机的话语中所夹杂着的偏见。这些情况下没有唯一正确的答案，因为人们都是倾向于做自己觉得舒服的事情。

本书的目标之一就是帮助你更好地认知偏见，这样你就能更清楚地意识到偏见，并克服它。全书中那些加粗的及带项目符号

"●"的语句很有启发性,有助于你克服自身的偏见。好消息是,你可能会找到一些技巧来克服自己的偏见。影响个人成长的一个最好的方法就是向他展示你自己的成长经历。鉴于此,我们将会向读者展示我们自身持有的偏见,以及我们为了克服它的一些尝试。同时,我们还会向读者介绍其他人对待偏见的态度,以及他们反过来帮助朋友或同事们克服偏见的一些经验。

我们如果不相信人们能够克服偏见,就不会撰写这本书。我们遇见过许多人,他们都很乐意承认自身存在的偏见,并愿意一起讨论自己是如何克服偏见的。在第3章之后的章节中,我们会分享他们的故事,这样你就能切身感受到,他们这些善良的人是如何对待偏见的。同时,我们也会分享自己与偏见有关的故事。为了能够真正有效地帮助他人克服偏见,我们一直在认真地审视自己的偏见。我们最基本的建议是:尊重差异并建立起真正的关系。若要问是哪种类型的差异,答案当然是各种各样的差异。人与人之间的差异包括种族、宗教、国籍和性取向等,它们是新闻的热点话题。但实际上,无论是性格差异,还是年龄差异,抑或是观看不同的运动节目,所有人与人之间的差异都会引起分歧。最容易导致问题的偏见,往往是那些不受个体控制且与差异有关的偏见。若论发现、挑战并最终克服这些偏见的方法，没有什么能比得上与真实的人建立真正的友谊了。

很少有人能够在不摔跤和不蹭破膝盖的情况下，就轻轻松松地学会骑车。克服偏见亦是如此。我们可以提供途径和方法，但在进行这些活动时，请你一定要对自己温和一点。没有人能在一夜之间成为"文化盟友"（cultural ally），但你的意图是很重要的，决定置身其中，为尊重差异并建立真正的关系而努力绝对是值得的。好消息是，越来越多的人开始接受自己有偏见的事实，并努力克服自己的偏见。这对系统性偏见的潜在影响是显著的。系统性偏见是指系统和制度之间存在的大规模的偏见，这种偏见会使差距和不公平的结果长期存在，从而使某些群体胜过其他群体。这种偏见降低了社会流动性，并使国家内部的人们产生了隔阂。它会影响健康、财富和全球经济学家衡量的各项社会指数。这是一种国际现象，并非美国独有。在进行国际磋商时，我们会看到各国领导人因偏见问题而争吵不休。系统性偏见已经渗透到世界各地的机构之中，尽管现在这一代掌权人并没有制造这种偏见，但如果我们不能从自身出发消除偏见，就与同谋无异。

现在，我们必须提醒你，如果克服偏见很容易，那这段引言就是本书的结尾了。克服偏见真的不容易,这也是我们写这本书的原因。本书将为你提供途径和方法,让你能够在谈论并克服偏见的时候相对容易一点。当读完本书后,如果你意识到了自己的偏见,并发现自己能够倾听别人的偏见,就会成为一位更好的文化盟友,能够明智、富有同情心、有效地克服偏见。

CHAPTER 1

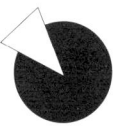

什么是偏见?
为什么它如此重要?

如果你是位男士，或者生活的圈子中有男性朋友，就可以用得上这条信息：蓄胡子。说真的，蓄胡子的人看起来更值得人们信赖。比如，为同一种产品做广告的两个男人，一个蓄胡子，另一个不蓄，他们带给顾客的感觉是完全不一样的。事实上，蓄胡子的销售员卖出的东西会更多。[1]大多数人都会告诉你，他们不会被代言人的胡子左右，但他们错了。为什么呢？因为我们的大脑有一些甚至连我们自己都不知道的微妙偏好。事实证明，美国人对胡须有着明显的偏好。

作为一位文化盟友，你如果想要加深对他人的了解并将其用于好的方面，那么可能需要对偏见有一定的认识。很多人可能乍一看就知道偏见是什么意思，但却无法精准地定义它。这里有一些简单的定义来帮助你，以防止你产生混淆。

● **偏见是人们厚此薄彼的一种倾向。**

人们厚此薄彼的究竟是哪种类型的事情呢？答案是任何事情——一个人可能更喜欢某种口味、颜色、质地，或某项运动、某个城市、某支参赛队伍等。比如蒂法尼就受不了辛辣的味道，但没有人真的会因为这种口味偏好而焦躁不安。

我就是不喜欢吃辣的东西。因为辛辣的食物会让我难受,让我感觉我的胃部有灼烧感和刺痛感。吃辛辣的食物对我而言完全是一种痛苦的经历。当我试着随波逐流,像周围所有无辣不欢的人一样享受辛辣的美食时,感觉自己正在经历一项扭曲的耐力挑战。我对辛辣食物的这种偏见会成为新闻头条吗?或许不会。那它会毁了一段真正的友谊吗?似乎也不太可能。但它可能会带来一些压力。这取决于我选择追求更甜、更淡口味的积极程度。我想你们都懂的。

- **偏见是人类的一种自然而又正常的倾向。**

人们之所以会有偏见,是因为天生如此。研究人类行为的科学家们认为,偏见是作为人类的一种生存机制而存在的。如果人类的大脑无法在瞬间分辨出愤怒的狮子和无害的瞪羚之间的区别,那么人类作为一个物种,就不会存活到现在。因此,人类的大脑已经进化到了能够根据瞬间看到的东西而快速地做出决定的程度。所以,请不要对你心中怀有偏见的朋友、家人或同事过于苛刻。你周围的人也是人,是人就会有偏见。作为文化盟友,我们的工作就是竭尽所能地帮助人们了解他们自己的偏见(因为没有人真的想说出或声称自己有偏见)。

● **大多数偏见都是无害的。**

这就是症结所在。人们不关心彼此最喜欢的颜色或对某个特定旅游目的地的偏好。相信你已经猜到了,偏见雷区是指人们对他人怀有偏见的地方。如果你唯恐天下不乱,那么不妨表达一下对某类人或某个群体的偏见。偏见针对的受众不同,你惹上的麻烦也是各种各样的。人与人或群体之间的偏见正是造成头条新闻的原因。在公司,如果你把对别人的喜爱或厌恶的偏见表达出来,并据此展开行动,那么可能会被炒鱿鱼。

● **承认个人的偏见真的很难。**

这并不是任何人的错。也许我们可以将其归咎于整个社会。谁想站起来叫嚣:"看这里,我完全反对_____。"(在空白处填上一些关于某人的事情,但你要在箭向你射来的时候学会躲避。)如果世界已经不太容得下人们说出自己的真实想法,那么人们会很危险,无论是有意识的还是无意识的。在这个高度政治化的社会中,人们甚至会因为承认过去的偏见而受到非议。2010年,雪莉·谢罗德(Shirley Sherrod)遭到了美国农业部的解聘,原因是一位保守派博客对她的演讲视频进行了断章取义的剪辑,让人误会她对白人持有偏见。实际上,她的行为是令人敬佩的:她承认童年与白人交往的真实经历对她产生了影响,现在她开始意识到了这种影响,并因此感到不安。她只是讲述了自己克服偏见的故事,但她的讲述却被人有选择性地进行剪辑,这最终导致她被解聘。后来,虽然奥巴马政府向她道了歉,并为她提供了一份工作,但她最终拒绝了。然而,这个故事表明,即使承认并努力想要摒弃曾经的偏见也是相当困难的。

所以,当你身边的人表现出偏见时,请你保持同情心,看看是否能够帮助他们,而不是落井下石。如果你想找点乐子,测试一下自己和朋友的偏见,那么这里有一个简单的练习可以用得上。切记,人人都有偏见。所以,即使发现自己怀有偏见,也不要因此而感到难过。也请记得提醒你的朋友,当他们发现自己的偏见时,切莫捶胸顿足。承认自己有偏见是克服偏见的第一步。

练习1：职业联想

大脑会对信息进行归类，帮助你快速地做出判断。过往经历、家庭教养、从媒体上搜集而来的信息——所有这些以及更多的其他信息将告诉你如何应对这个世界。如果你想知道它是如何运转的，那么不妨试试下面这个练习。当看到以下职位名称时，请填入你脑海中出现的第一个单词或短语。

1. 二手车推销员：_____；

2. 政治人物：_____；

3. 律师：_____；

4. 教师：_____；

5. 医生：_____。

练习1经常引出人们对所列职业的"刻板印象"(stereotype)。不幸的是,当人们游离于职业选择之外时,这种刻板印象的倾向并没有改变。当人们对种族、民族、性别或性取向等名词重复同样的练习时,就会很容易产生这种联想。

● **如果你相信刻板印象,它就会导致偏见。**

依据刻板印象,人们会认为具有相同特征的人,例如性别或肤色相同的人,都具有其他相同的特征。比如:金发女人往往都缺乏头脑;男人们都好斗;美国人对其他国家一无所知。这些刻板印象并非毫无道理,只是不能适用于群体中的每一个人罢了。关于这一点,我们最喜欢的一个例子是:《财富》(*Fortune*)评出的500强公司的CEO的平均身高往往高于普通人的平均身高。这的确是真的。如果你对此表示怀疑,就不妨查一查相关的数据。那么,为什么他们比其他人更高呢?研究表明,500强公司的CEO的身高比平均身高要高。这是因为人们对高个子的人怀有积极的偏见,即身高通常与权力和领导能力有关。因此,在某种程度上,美国人普遍认为个子高的人更能胜任领导岗位。

更为常见的刻板印象是亚洲人擅长数学。我们非常确定许多亚洲人都擅长数学，但来自其他洲的很多人同样也擅长数学。同时，我们也确信有很多亚洲人不擅长数学。但这种常见的刻板印象，可能会在人事经理毫无觉察的情况下影响他的决定，从而最终影响招聘面试的结果。它会隐藏在人们内心深处，时刻伺机跳出来，加剧人们对某些群体的偏见；或者以自动偏好的形式出现，进而阻碍人们做出更好的判断。

● 如果意识不到自己所具有的刻板印象，你就无法克服它。

这种"无意识的偏见"（unconscious bias）当然与种族、性别和性取向等热点话题有关。已有证据表明，人类的大脑会在受到诸多因素的影响之后做出非理性的决定。举例来说：

1. 蓄胡子的男人比把胡子刮得干干净净的男人更值得信赖。

2. 相较于不同口音的人，口音与我们相似的人更值得信任。

3. 相比以男性名字命名的飓风，以女性名字命名的飓风造成的死亡人数更多。这也许是因为人们认为用女性名字命名的飓风威胁更小,所以采取的防御措施较少。

4.在面试同类求职者时,手中拿着热饮的人事经理比拿着冷饮的更容易录用求职者。

练习2：内隐联想测验

练习1有助于人们识别无意识的偏见。练习2则可以测验出偏见的种类和强度。也许，我们应该把这本书命名为《享受偏见的乐趣》，因为书里面有很多练习游戏。一些人可能觉得这个话题是令人沮丧和恐惧的，但的确可以从中获得乐趣。如果你打算介入并帮助善良的伙伴减少偏见，那么游戏实际上是一个不错的选择。

对于这个练习，你需要访问https://implicit.harvard.edu/implicit，选择语言，并参加在线内隐联想测验（Implicit Association Test, IAT）。哈佛大学的内隐联想测验可以让你进行自测，并能测验出涉及种族、肤色、体重、年龄和残疾在内的十余种不同的偏见的情况。即使你确定自己没有任何偏见，也可以参加哈佛大学的这个测验，看看自己的得分如何。毋庸担心，他们不知道你是谁，除非你告诉他人，否则没人会知道你的分数。内隐联想测验项目收集的一般是年龄、性别等人口统计学方面的信息，因为这是一项研究，需要收集这些数据。它不需要姓名或联系方式这些信息。

大多数人都希望自己能够举止得体,没有种族主义或性别歧视等倾向。然而,当人们看到别人时,大脑却无法跳出对事物进行分类的思维模式。因此,尽管我们的出发点是好的,但我们在与人打交道时往往容易以偏概全,依赖心理捷径。哪个考虑周全的人会依据一个人的肤色而判断出他的价值,或者因为候选人的身高而做出提拔决定呢?很显然,这些标准荒谬至极——然而,人们却无时无刻不在依赖它们,甚至连他们自己都没意识到这一点。

● **偏见会阻碍个人目标和目的的实现。**

我们假设:你正在读这本书,相信平等,并试图公平待人。如果是这样,那么你需要明白大脑可能会妨碍你。如果平等和公平无法激励你,那么也许成功和进步可以。克服偏见可以帮助你建立更好的人际关系,进而为你在事业和生活上的进步铺平道路。谢天谢地,科学正快速地向前发展。如果你身边有一个疑心特别重的朋友,或者有一个非常迷信专家的人,那么请让他参考我们在本书后面列出的研究。

你可能已经注意到了,新闻报道中经常谈论种族、年龄、性取向等方面的偏见。很明显,全世界都在关注这门新的学科,人们都在表达对自己会被如何对待的担忧。这是一件好事,但为什么人们做得还不够呢?

●偏见会给人们造成盲点,让其很难看清别人的观点。

尽管人们的本意是公平地对待每一个人,但偏见会给我们造成巨大的盲点。这些盲点会让人们无法设身处地地去看待问题。当人们按照自己的偏见行事时,就会形成一个恶性循环:受偏见支配的受害者会更加地不信任他人。如警惕心强的人往往不容易交到朋友,也不会特别热情和犹豫不定。

一位朋友说,公开的南方邦联同情者曾在她家祖上的庄园焚烧过十字架。这导致她一看到南方邦联的战旗,便会产生痛苦的联想。考虑到她的家族历史,要她相信任何支持这面旗帜的人或为这面旗帜辩护的人,都是一个巨大的挑战。所以你觉得当她看到有人在车上贴邦联战旗的贴纸时,会好受吗?

另一方面,许多挥舞邦联战旗的人并不知道或根本不在乎这面旗帜当初是怎样被当作种族恐怖主义的象征的，他们更愿意关注其祖先在南北战争时期所做出的牺牲。割裂和分歧就这样在我们的社会中衍生并发展，因为经历截然不同的两个群体的成员是无法或不愿理解彼此的。

● **偏见可以代际相传。**

许多偏见的起源并不神秘。人是社会性动物——依靠群体而生存。但谁是我们群体中的一员呢？谁又是安全可靠的呢？谁会照顾我们，谁又会伤害我们呢？在孩提时代，我们的大脑会记住我们周围人的面孔，进而会在后续的生活中对那些具有类似面孔的人产生信赖。当看到有着不同于我们在成长过程中看到的面孔的人时，我们会有什么反应呢？童年时我们不熟悉的面孔会储存在大脑的另一个部位，而这个部位往往与恐惧的情绪密切关联。要成为群体或部落中的一员——我们将其叫作"圈内人"（详见第3章），这种观念已在我们的脑海中根深蒂固。这对人类（作为一个物种）的生存至关重要。好在"圈内人"的定义是可以改变的。天性与经过后天培育所形成的固有观念，使人们很难信任自己所属群体以外的其他人。在本书后面的章节里，我们将会着重讨论如何改变这种局面。

除了我们所看到的，我们的经历也能塑造我们，并左右我们的信仰。甚至我们所信任的朋友和家人的经历和偏见，也会促使我们形成某种偏见。换句话说，人们是从父母（或者养育者）那里学会了辨识哪些人是值得信赖的。

　　人们通常希望，下一代能够修正前几代人因偏见而造成的错误。所以，接下来我们会引入操场的例子。在不考虑种族、肤色、性别、宗教等差异的前提下，小孩子们会一起在操场上玩耍。不幸的是，这种操场上的玩乐无法持续太久。最终，孩子们会注意到来自父母和同龄人的暗示。比如，当有可疑的人靠近时，妈妈会抓着钱包催促孩子离开，而孩子们就会本能地注意到这些暗示。有时候，这种暗示会转为明示——"你不能和来自那个学校的孩子们一起玩耍"；有时候，甚至受欢迎的同龄人也会向你施加微妙的社交压力，让你疏远或者欺负某些人。这些明显而微妙的信息，会促使你在对待残疾人和不同种族、性别、阶级等的群体成员时怀有喜好或厌恶的偏见。这些含有偏见的倾向会根植于孩子们的头脑中，并在他们长大成人后也一直存在。人们的偏见通常都是源自那些抚养或教导他们的人。有时，对于那些已经暴露出偏见的人，你只要问问他们为什么如此相信自己对一个人或一群人的看法,就可以帮助到他们。对方可能会非常理智地答复你。当这些人试图将自己的非理性偏见合理化时,可能会字斟句酌,确保毫无瑕疵。这时你要做的是不笑并不进行评论,仅仅聆听就够了。你可能会从中得到有价值的信息,这些信息对你、对他们都有裨益。

试着想一想,你还能记起父母或者监护人的偏见吗?他们的观点和经历又是如何影响你的呢?我们的好朋友曼尼(Manny)出生于20世纪40年代,他回忆起他的母亲在全家自驾游穿越南达科他州时锁车门的举动。他当时问母亲:"妈妈,我们为什么要锁车门呢?"他母亲回答道:"因为印第安人,这个地方到处都是印第安人。"尽管过去了很多年,但他父母的这种偏见一直都对曼尼产生强大的影响。每一代人都怀有文化恐惧。曼尼当时以为印第安人躲在角落里是为了抓他们。他最终成为一名专业的多元化实践者,并在实践的过程中审视了自身的偏见和自己早期受到的影响。当我们听到曼尼的故事时,他已经是一位年老的白人男性。他在多元化培训期间,面向几十位参与者分享了自己当年的故事。他用自己的经验证明,怀有善意的人也会在不经意间向他人(尤其是自己的孩子)传递自身的错误认知。曼尼之所以认为印第安人非常可怕,是因为从小被灌输了错误的信息。所以,帮助朋友、家人或同事认识到他们自己的偏见及其根源非常重要。随着时间的推移,环境或个人观点的变化会影响到人们的信仰吗?我们认为是肯定的,但人们并不会经常停下来盘点:自己相信什么以及为什么相信。

蒂法尼出生在得克萨斯州的埃尔帕索,她说道:

"由于我的家在美墨边境,所以我的许多朋友,以及我的医生、老师和保姆都是墨西哥人。在学会讲英语之前,我说西班牙语,因为我经常接触墨西哥人。墨西哥文化影响了我早期的生活,并深深地影响了我的世界观。此刻的我正坐在得克萨斯州的一家咖啡馆里,这是我30年来第一次回到这里,周围的一切都能让我回忆起童年的美好时光。这里的西南艺术、墨西哥文化氛围,以及大多数说西班牙语的人无不温暖着我的心房。我对墨西哥、墨西哥人民以及讲西班牙语的人有着强烈的偏好,因为我将这些与我的童年联系在了一起。我很庆幸自己在这里度过了一个非常美好的童年。

"但即使是积极的偏见也会带来许多问题。不幸的是,当我的一个偏见被触动后,我就知道自己会出现一个非理性的反应。

比如有关移民问题的辩论往往会激怒我,尤其是当人们对墨西哥人表达一贯的负面评价时,情况更甚。因为我很容易把墨西哥人当作亲人,所以当一听到有人对他们进行负面评价时,就会脸颊发烫、语速加快、热血上涌,并准备随时进行十余次反击以泄心中怒气。而一般情况下,在理性对话中,我的情绪不会被引爆,我也不会准备这些反击。在我看来,说墨西哥人的坏话就等于侮辱我的母亲。这听起来有点滑稽,因为迄今为止,我的家族中并没有拥有墨西哥血统的人。

"偏见是双向的。它会影响你对一些人、一些地方、一些事情以及一些观点的看法,比如我,就非常偏爱墨西哥人。"

我们的朋友曼尼一直对印第安人怀有偏见,这种偏见一直持续到他在对其有了充足的了解后才发生改变。对墨西哥人抱有负面成见的人也有负面偏见。为什么人们的偏见很重要呢?这是因为在面对自身偏见所施加的对象时,偏见会使我们违背自己的价值观和意识,进而影响我们的行为。正如蒂法尼解释的那样:"对于那些我认为说墨西哥人坏话的人,我很难对他们再保持好感。"他们的观点可能有经历来佐证,也可能就是一些看法而已。如果曼尼在12岁的时候遇到了一个印第安人,可能就会感到害怕,因为他认为印第安人天生就是危险的。如果他从未审视过自己的观点,那么会在需要律师的时候去雇用一名美国印第安人律师吗?当一个拥有印第安土著血统的人的性格受到质疑时,曼尼会变本加厉地去批判这个人吗?一旦人们怀有无意识的偏见,这些偏见就会影响他们的判断。

● 偏见,就存在于大家呼吸的空气之中。

即使你身处世界上最包容的家庭,仍然会吸收一些针对他人的偏见信息。一项著名的研究分析了书籍、杂志等大量的书面材料,之后研究者建立了一个数据库。利用该数据库,他们可以大致估算出一名即将上大学的学生在进入大学前会读些什么书,[2]然后再对单词配对的频率进行分析,以便理解自己对他人的刻板印象究竟来自哪里。

这项研究发现,人们沉浸在一种能够创造和强化问题联系的文化之中。这也许并不是令人惊讶的。黑色通常与"贫穷"和"暴力"等形容词搭配在一起,而白色则常与"富裕"和"进取"等形容词联系在一起。男性通常被描述为"占主导地位"和"领导者",而女性则常常与"冷漠"和"温柔"等词语搭配。这或许表明,我们主要是根据情绪基调来评估女性的,而期望男性担任领导职务。

● **积极偏见与消极偏见一样有害。**

不要仅仅因为你喜欢某件事或某个人,就认为偏见一定是件好事。如果不信,那么你将会从那些深受本书观点影响的人那里得到验证。积极偏见的问题在于,它会不公平地影响一个人对他人的看法和态度。它同样能够加剧排斥,使人们倾向于一件事而疏远另一件事。这可能会让他人感到被接纳或者被排斥。当然,这取决于偏见是针对谁的。

行动呼吁 I：寻找偏见

请注意24小时内你在媒体上的所见，并试着找出那些观点中所蕴含的偏见。

CHAPTER

2

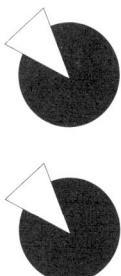

从你自身开始

在前面的引言中，我们曾提醒过你，在向他人提供建议之前应该首先审视自身的偏见。对此，最好的教学方法是树立改变的榜样。如果人们自身都没有真正花时间仔细审视并克服自己的偏见，那么又怎能要求他人对自己的偏见和行为负责呢？因此，大家首先必须成为老师，然后才能去教别人。我们保证，这有益无害。

所以，克服偏见的过程得从你自身开始。我们这里所说的克服指的是控制、战胜和征服偏见。有了自我认识、注意力以及不懈的努力，你就能搞清楚偏见究竟是怎样影响自己的生活的。这样你就可以做出深思熟虑的选择，并在与他人交往的过程中，将头脑中的自动偏好带来的影响降到最低。人类的大脑会停止产生自动偏好吗？答案是当然不会，因为偏见是人类与生俱来的一种生存机制。那么人们能彻底地改变自己的大脑，以消除当前脑海中存在的偏见吗？或许会吧，不过目前尚无定论。[1]但据目前所知，对于无意识的偏见，你并非只能无奈地被动接受，而是可以控制它们对生活造成的影响的。

你是解决问题的人，而不是问题的起因（你可以随便将这种混乱归咎于社会、历史、大脑结构和被误导的人性）。好在现在人们已经对自己的大脑有了更多的了解,并有各种各样的方法和手段来改变自己的思想和行为。所以,请你准备好长时间、深刻地审视自己吧。

这得从打破偏见循环入手。作为多元化实践者和组织发展专家,我们在工作中经常会遇到一些领导和个体贡献者,他们十分确信,如果人们(除了他们自己)能改变他人,那么一切都会得到改善。而作为人类,大家习惯撇清自己,并迅速地把自己的责任和问题都推给他人。希望你已经做过内隐联想测验,并发现了自己怀有的一些偏见。如果还没有,那么也别太担心,你还有的是时间。去吧,我们等着你。

大多数参加内隐联想测验的人都会对测验结果感到震惊,但其实本不该如此惊讶。因为所有人都有偏见。关于这一点,我们已经强调得够多了。也就是说,你必须要认识到,承认自己也有偏见这一点至关重要。如果没有自我反省并意识不到自己的问题,那么任何人都不能苛责别人。我们的客户常常说:"如果(一个人或一群人)能够做出改变,那么一切都会有所好转。"如果我们看不到我们每个人都是这个群体的一部分,那么人类就没有改变的希望。就偏见而言,没有人能够幸免。人人都怀有偏见,并且会在特定的时候显现出来。但是大家完全没必要沦为自身无意识的偏见的牺牲品。大多数人都不想有偏见，因此才更需要学会控制偏见，这样人们才会变得更加理性、更富有同情心，才能做出更明智的决定。

无意识的偏见表现在以下几个方面：

1.选择过马路是为了避开某些人；

2.拒绝有外国口音的合格求职者；

3.问一位亚裔真正来自哪里；

4.当从黑人身边走过时，人们会警惕地握着钱包；

5.在资质相当的情况下，人们更愿意推荐男性员工升职，而不是女性员工。

那么，如何才能发现自己的偏见呢？不妨先注意一下自己是如何对待他人的。大家可以不偏不倚地扪心自问：在做选择时，我是否可以一视同仁而不因人而异？请尽情地发挥你的想象力吧。如果把求职者换成你的母亲（假设她有相同的简历），那你还会问同样的问题吗？你会或多或少地感到放松吗？如果把你在路口遇到的行人换成你的兄弟,并且其穿着与他们同样的衣服,那你还会选择过马路吗?不要忽视个人安全,也请一定学会问自己:为什么大脑能够快速地判断出某些人值得信任,而其他人则不值得信任呢?尽管这个测验会让人感到不舒服,但却是改变大脑的关键。

老实说,这项任务最困难的部分是承认自己有偏见。大多数人都为自己拥有遵守道德、讲公平、尊重他人和心地善良等优秀的品质而感到自豪。然而,成千上万参加内隐联想测验的人,他们的结论却讲述了不同的故事。内隐联想测验的研究人员所创设的测验,被公认为能够准确地测验出大脑在面临两种不同选择时所表现出的自动偏好,比如说体形(胖或瘦)、种族(黑或白)、年龄(老或少)等诸如此类的选择。该测验会要求你用左手敲击电脑键盘上的E键,右手敲击另一侧的I键。接下来,你要经历好几轮这样的选择。在练习中,社会群体特征(例如黑或白、瘦或胖)用一个按键表示,评价性词语(例如好或坏)也用一个按键表示。比如,在其中一轮测验中,当你看到黑人的照片时,研究人员就会让你敲击E键;当看到白人的照片时,让你敲击I键。当你看到积极的词语(例如好、快乐等)时就敲击E键,当你看到消极的词语（例如坏、悲伤等）时就敲击 I 键。

该测验网站的调查结果显示，"内隐联想测验能够衡量概念（如黑人、同性恋）与评价（如好、坏）或刻板印象（如运动型、笨拙型）之间的关联强度。其主要意思就是，当使用同一个按键表示密切相关的词语时，人们会更容易做出响应。比如，相对于使用同一个按键表示同性恋与'好'，人们在面对使用同一个按键表示同性恋与'坏'时，会更容易做出响应。如果某人能够快速地对这些词语做出分类，我们就会说他更偏好异性恋而非同性恋"。

根据内隐联想测验的数百万位参与者的反馈可知，在黑人和白人这一偏好选择的测验中，绝大多数人都会自动表现出对白人的偏好。

很少有人会自动对黑人表现出偏好。而且，"这个网站的测验结果一致表明，受歧视群体的成员（黑人、同性恋者、老年人）往往比群体之外的人对自己的群体有着更积极的内隐态度，但他们仍然对那些具有更大社会价值的群体有着适度的偏好。所以，同性恋者对于异性恋者有一种隐性的偏爱，但这种偏爱在程度上没有正常人对异性恋者的偏爱那么强烈。我们认为，这是因为受歧视群体的成员，在他们的文化环境中产生了对自己群体的负面联想；但也会因为他们作为群体成员的身份以及与他们关系密切的其他人的成员身份，而产生了一些积极的联想"。

对于那些喜欢数字游戏的人来说，只有17%的人对其中任何一组都没有表现出偏好。

●**认为自己没有偏见比知道自己有偏见更糟糕。**

无论是通过正式的测验，还是简单真实地面对残酷的自我，我们只有承认自己有偏见，才能开始改变它。如果你不停地说自己没有偏见——一个不偏不倚的好人——那么无意识的偏见就一定会继续左右你待人接物的态度。

偏见还可以通过我们所说的"敏感话题"（hot-button issues）或"触发器"（triggers）表现出来。你的敏感神经是否曾被其触动，并且不假思索地对其做出反应呢？在理性反应面前，你的情绪反应又是怎样的？你通常在事后会想："哇，我真希望当时自己没有做出那样的反应。"你的家人往往最清楚你的这些敏感情绪并容易触发它们。根据我们以往的经验可知，你的兄弟姐妹可能是最容易激怒你的人。

● **一直惹你生气的话题可能会触发你的敏感情绪。**

比如说,蒂法尼知道自己对美国的移民话题很敏感,因为人们常常歧视墨西哥人,认为他们不断地制造问题。在这种情况下,蒂法尼的这种偏见是对墨西哥人或墨西哥裔的积极偏见。在面对那些对墨西哥人表现出不屑一顾的态度的人时,她的情绪反应让她看到了自己对墨西哥人的积极偏见,以及对那些限制移民的人的负面偏见。这个重要信息有助于大家发现,偏见是如何以不合理的积极或消极的方式来影响自己公平待人的能力的。她这样说道:

"面对人们对墨西哥人的负面看法,我为什么会做出情绪化的反应呢?在经过大量的反思之后,我意识到,移民话题往往会让我全神贯注。我可能还是无法控制自身的防御性情绪,但已经学会了控制自己的行为。

"我做了一件与众不同的事情,那就是告诉人们我与墨西哥的关系,以及它对我的重要性。这样,听众就能够了解我的一些故事,进而了解我这个人。照这样发展下去,即使后面我会与他们产生分歧,但我们也会更接近彼此真实的一面。一旦我意识到讨论的话题进入了自己的偏见区,就会把它们联系起来。如果后面我未能成功地控制住自己的情绪,那么这种在有关墨西哥的话题偏离轨道之前先发制人的行为,就相当于一种免责声明。至少听众会知道我失控的情绪来自何处。"

有时,免责声明或个性化的问题会让人们重新审视自身的观点。如果他们一开始就知道某些话题或立场会让你心烦意乱,就可能会有所收敛。但不幸的是,有些人往往缺乏高度的同理心,他们要么是没有注意到你的痛点,要么是想继续故意挑衅你。

● **敏感神经的触动通常与无意识的偏见有关。**

所以,当你注意到自己由于某些话题被严重激怒或者是变得轻微的激动时,请密切关注这个话题。如果能够看到这种关联,那么你很可能怀有偏见。这也同样适用于你的朋友和家人。如果你发现自己深受周围人尖酸刻薄的语言的侮辱,或者因为同一件事而反复地遭到同一个人恶劣态度的对待,那么,这些人可能也存在偏见。请记住，如果是选择比萨店之类不痛不痒的话题，那么它可能不值得讨论。但如果话题涉及某一群人、宗教，或一些同样敏感的问题，那么请选择勤加练习我们前面提出的内容。

如果有人在话语中夹杂着偏见，而你想帮助他或她认识到这种偏见，那么可以试试用后面这句话点醒他们："你可能还没有意识到这一点，但你谈论那群人的方式的确让我感到不舒服。"

这句话能从两个方面帮助你的朋友摆脱困境。首先，这句话的前半部分暗含着一层意思，即如果他或她知道得更多，就会做得更好。后半部分则集中在表达你的感受上，而不是直接指责他或她的偏见。利用"我"这种第一人称的陈述（在这种情形下，"我感到不舒服"）能够帮助人们更好地了解自身行为对周围人造成的影响。这个方法久经时间的检验，能够有效解决冲突。

下面的情形正是人类的倾向给大家真正带来麻烦的地方之一。同辈压力是真实存在的，不会因为你是成年人而消失。我们知道承认这一点很痛苦，但这种情况——当你和一个人共处一室时，他的话语带有种族主义倾向、性别歧视，并且令人反感，你却只能任由他胡说而无法指出他言语中的偏见你还记得有多少次吗？这是由于人们顾忌人际关系、权力格局、尊重程度，或者更自私一点来说，这是人们不想破坏与他人的关系所造成的。然而很不幸的是，大家通过沉默变相地鼓励了这种不良行为。当人们面对讨厌的评论一语不发时，当人们被充满具有性别或种族歧视色彩的笑话逗得发笑时，当人们口头上或心照不宣地怂恿他人无须对更高的标准负责时，这些其实都是在变相地鼓励和纵容那些暗含偏见的行为。如果有人表现出反感并叫嚣着让你走开，那么请记住，帮助别人消除偏见并不是一件容易的事情，所以不要太在意，他们只是对事不对人。

当谈及以个人观点来看待事情时，请再试试练习3。

练习3：个性化

你不妨想一想自己的"敏感话题"。什么话题或情形会让你感到心烦意乱？一旦你识别出了这些问题，就可以想象一下当某件事或某个人惹你生气时，你的身体会做出什么反应。你会冒汗吗？你的说话速度或心跳会加快吗？你是会紧张到咬紧牙关还是会怎样？

我们有时把这个自我评估的过程称为"阑尾综合征"（the appendix syndrome）。消除偏见并不像切除阑尾那样简单——可以一次性完成且不会再复发。它更像是卫生——人人都得做好清洁，方能维持。[2]了解你的身体反应和情绪反应非常重要，因为它们是非理性的线索，有助于你识别出自己的偏见到底是什么。此外，当情绪被引爆时，如果能够知晓自己的身体反应和情绪反应，那么个人就会更快地从起伏的情绪中恢复正常。比方说，有人触动了你的敏感神经，如果你能意识到自己有咬紧牙关这个面部动作，那么很可能在自己发怒之前就能察觉到这种生理上的暗示，并更快地进入到富有成效的对话状态。这时候的对话再也不会受大脑中被偏见激活的情感部分支配了。大多数情况下，人们之所以会反应激烈，是因为把当前的处境与过去的一些负面经历联系在了一起。当下发生的事情往往并不像人们想象得那么重要，真正重要的是有关其他事物的记忆被重现了。

现在你已经对自己较为敏感的一些话题，以及自己相应的身体反应和情绪反应都有所了解。此时，你可以找一个信任的人，让他围绕一个敏感话题与你进行挑衅性对话，以帮助你了解自己的偏见程度。你要做的就是保持冷静、深呼吸，并想方设法地控制自己的身体反应。你可能需要根据话题的重要程度,在没有提示的情况下,将生活中的话题展现出来。对于控制自己的情绪反应,如果你觉得自己还没有准备好,那就不要自寻麻烦了。相反,当敏感情绪被点燃时,你可以找个借口、做几次深呼吸或者进行短距离散步,直到你熟悉了自己的生理反应,并能控制住随后的情绪反应。这就是一开始你要找一个值得信赖的朋友或家人,与他们一起进行练习的原因。这也是你开始学习控制偏见的方法。

如果你真的对这个练习或这个想法感到不舒服,那么我们有一个坏消息要告诉你。克服偏见是一项很艰苦的工作,而且并不总是令人感到舒服的。值得做的事情通常都需要付出努力,但回报也是惊人的。如学习骑车、游泳、读书、纳税,这些都需要经历一个不舒服的过程。一旦克服偏见,你就可以和人们进行真诚的交流了,所以这是值得的。但如果你从没有努力过,那还需要付出一番艰辛。

回顾一下你的自我意识工具:

1.参加内隐联想测验;

2.在工作和日常生活中多留意自己的偏见;

3.找到自己较为敏感的话题;

4.与信任的朋友一起就敏感的话题进行平静的谈话。

通过这些简单的工具,你就能够注意到,大脑中无意识的部分究竟是如何定期地影响你的行为的。

意识到自己的偏见仅仅是个开始,为了尊重差异并建立真正的关系,你还需要了解其他途径和方法。

首先,如果你从来没有和不同于自己的人交流过,那就无法尊重差异,更遑论与他人建立真正的关系。那么,哪种差异是重要的呢?坦率地说,各种差异都很重要。我们在这本书中特别感兴趣的是,帮助人们消除因社会等级制度造成的分歧。这些分歧包括:法律认可的种族歧视,将妇女边缘化为二等公民,持续对非异性恋者歧视的法律,以及禁止穆斯林或拉丁裔进入美国的呼吁。这些都是关于社会分歧的例子。这些分歧在过去或现在仍然有充分的社会法律做后盾,并在司法制度、健康状况、财富积累和在良好的社区中获得公平住房的机会等方面造成了持续存在的差距。

然而,我们在与别人交往时仅仅尊重差异是不够的。从一位戴头巾的妇女那里点上一杯咖啡,并不算是与穆斯林建立了真正的关系。你童年时与外籍管家的关系也不等于真正的平等关系。我们并不是说这些关系没有意义或不重要,而是说它们无法帮助你克服你具有的在社会中普遍存在的种种偏见。

● 克服偏见的方法是可以通过传授、学习而掌握的。

如果我们告诉你克服偏见是可以做到的,那么你会说什么?研究人员已经提出并测试了一个综合的理论,然后告诉我们这完全是可以做到的。事实上,这个理论早在1954年就被提出来了,被称为"接触理论"(contact theory)。但这个理论一直被人们忽视,这或许是因为当时的人们还没有准备好克服个人和社会的偏见。[3]幸运的是,蒂法尼在撰写自己论文的过程中发现了这个理论。令人感到欣喜的是,人们尊重差异和克服偏见所需的途径和方法正是这些。我们可以通过传授、学习和练习来掌握克服偏见的方法。除此之外,还有更多的好消息——仔细阅读这本书,是你掌握关于尊重差异并建立真正的关系的技巧的重要一步。具有挑战性的是,你需要下定决心并努力实践才能真正掌握它。现在让我们面对它吧!如果几十年前整个世界还没有准备好克服偏见,那么现在仍然有掉队者也就不足为奇了。我们很高兴你能花时间来增进自己对偏见的了解,这样你就可以帮助自己和别人认识到:只要有耐心并持之以恒,克服偏见是完全可以做到的。

接触理论认为,人们可以通过跨文化的体验来减少个人偏见。[4]生殖理论家(germinal theorist)戈登·奥尔波特(Gordon Allport)曾推测:偏见源自缺乏对不同的人的接触和了解,深深植根于社会隔离之中。接触理论认为,接触不同类型的人可以减少偏见。[5]下面的内容是他的发现中至关重要的部分:

- 简单地把不同类型的人聚在一起并不能减少偏见。

如果仅仅是把不同的人安排在同一个房间、同一间办公室、同一个社区,那么这并不能减少人际偏见。事实证明,克服偏见需要五个

条件。我们可以将其称为建立真正的关系的先决条件:[6]

1. 所有小组成员的地位平等;

2. 小组成员要有机会进行有意义的个人接触;

3. 参与者相互依赖,为一个共同的目标而努力;

4. 刻板印象会被参与者积极地否定;

5. 该小组成员积极地支持平等。

接触理论听起来很不错,但实际应用效果如何呢?职场上,人们可以很容易地想象出这样一个场景:大家与不同类型的人组成团队,朝着一个共同的目标而努力。随着时间的推移,这将会减少你的人际偏见。与位于经理和主管等级的人相比,个体贡献者要更容易实现该目标。领导职位会造成内在的不平等,除非你是在领导阶层里。

这整个概念在职场之外变得更具挑战性,人们必须积极地选择把自己置于符合上述标准的环境之中。你必须在一个多元化的团队中参加内部的活动,与一群不同的人一起做志愿者,或者以非领导的身份加入社区团体。在这样的情况下，人们之间的关系就会变得更亲近，且人们能以个人和有意义的方式来更好地理解差异。经常将自己置身于反刻板印象的环境之中，能够削弱我们产生偏见的基础。作为文化盟友，我们必须在偏见出现时就看到可以减少偏见的机会。人们需要摆脱那些让自己忙得不可开交的借口，选择解决那些限制我们与人进行真诚、公平交往的偏见。

蒂法尼讲述了一段自己早期关于偏见和接触理论的经历：

"我最早是在纽约的一家高端名品折扣店上班。最便宜的商品是一条价值175美元（约1200元人民币）的腰带。大多数女性顾客在离开这家店时往往都会消费一两千美元。我的销售佣金主要以积分的形式体现出来，这些积分可以用来换购那些价值不菲的衣服。幸运的是，我的销售业绩很好，在1年多的时间里攒了很多积分，所以用积分换了一柜子的漂亮衣服。

"我这辈子无论如何也弄不明白，怎么会有人有勇气要求我降低标有零售价的服装的价格，而且它通常是标签上的销售价格！要知道这可是一家名品折扣店啊。折扣店一般都打折出售商品。讨价还价的女性顾客往往都是东印度裔。我得一遍又一遍地向她们解释，为什么我不能在不影响工作的情况下改变明码标价的商品的价格，这种经历让人精疲力竭。每当看见有着印度人面孔的人走进店里时，我就会很焦虑。我逐渐开始把印度人与自己的这种焦虑联系在一起。她会要求打折吗？这个时候会不会有人给我一些足够诱人的小饰品，以让我降价销售呢？与特定人群发生冲突的负面联想一直伴随着我，它最终演变成了我对这整个群体的评价。不知道从什么时候开始，我从在特定的环境下感到焦虑转为觉得所有的印度人都容易引发我的焦虑。因此我产生了一种具体的偏见，并用大画笔勾勒出了这整个群体。

"直到我在一家创新艺术画廊担任董事后，我的这种偏见才开始消退。在那里，我与自己所认识的最聪明、最迷人、最善良的人并肩战斗。我的印度朋友普拉比尔（Prabir）孜孜不倦地工作，帮助画廊成为东海岸的一个景点，并将其成功打造成了弗吉尼亚州里士满市中心的艺术文化景观。那5年里，我跟一个与我不同的人共事，我们共同朝着把艺术带到一个伟大的地位的目标而努力。这改变了我对她所属的整个群体的看法，并让我形成开放的态度。对很多人而言，我是一个能在一生中积极地转变自己的视角的人。我很高兴自己明白了一个道理，那就是即使你认为自己的思想足够开放、包容，但也总会有改进的空间。"

我们在中国香港的一家酒店里完成了本章的内容。特别有意思的是，昨天晚上我们还在庙街夜市里讨价还价，想买些纪念品带回家送给朋友和家人，而刚刚蒂法尼才跟我分享完这个故事。关于在中国香港生存的指南告诉我们，如果我们欣然接受了卖家开出的第一个价格，就无法赢得当地人的尊重。对于美国人来说，和别人讨价还价可能会让人感到非常不舒服。每当我们中的一个人成功地说服卖家，让他把价钱降到很低时，我们心里都会感到一阵内疚，因为对我们来说几美元根本不算什么，但对中国香港的卖家来说却要少赚几十元人民币。尽管如此，但这是一种习俗。我们试图估算出物品的相对价值，并就价格在彼此公平的基础上达成一致。卖家们似乎很擅长并真的很享受这样的交易。尽管我们会感到不舒服，但要尽量适应这种文化环境，并挑战自身先入为主的世界观。

我们还被告知，在中国香港不需要给出租车司机过多小费，因为老年人依赖廉价的交通工具，而游客给过多小费会提高当地人的消费水平。似乎每件事情背后都是一个关于视角的问题。你与这个多样化的世界接触得越多，你的视野就会越开阔。当尊重差异并与人进行真正的交往时，广阔的视野能够很好地为你和你的朋友们服务。相信你已经注意到，经常旅行的人似乎有很多不同的方式去环游世界，并在处理人际关系问题上游刃有余。我们认为这并不是一种巧合。我们希望你可以借助我们和朋友们的一些经验，通过广泛接触他人，逐渐增进自己对文化的了解，并在尊重差异的过程中获得信心。我们可以为你指明正确的方向，但最终还是要你走出去亲身体验一下。与不同的人直接接触是克服偏见的最好办法。

行动呼吁Ⅱ：直面偏见

要接受自己有偏见。向你信任的人承认自己的偏见，并在实践中不断磨砺自己的人性和谦逊品格（告诉他们，你正在阅读一本书来帮自己解决问题，因为你知道自身偏见的存在）。

CHAPTER 3

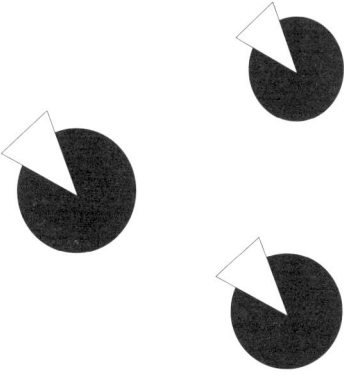

圈内人和圈外人

首先我们向大家分享一些好消息：就尊重差异并建立真正的关系而言，你可能已经具有了一定基础。你也学会了尊重、倾听和同情他人，并能在同朋友存有分歧和面对挑战的时刻依然和他们待在一起。我们也确信你的家人、朋友或同事也会这样做。但问题的关键并不在于你和同伴们彼此的行为举止是否妥当，而在于你们就像其他人一样，可能会把自己最好的一面局限在我们所说的"圈内人"（in-group），或者是认识和喜欢的人身上。圈内人可能是你的大学校友、老乡，或者是和你有着相同种族和文化背景的人。请记住，在前面的章节中我们提到过，一旦偏见与人们的差异有关，尤其是那些无法改变或控制的差异，问题就会出现。不属于相同圈子的人，无论如何定义，都永远是"圈外人"（out-group）。不幸的是，人们往往对圈外人苛求甚多，他们只有付出更多，才会赢得人们的信任和认可。

●我们无法控制或改变的差异是我们需要注意的偏见来源。

　　圈内人和圈外人的这种现象，非常不利于人与人尊重彼此的差异并建立真正的关系。一旦群体之间发生冲突，跨群体的友谊就会受到明显的压力的阻止。更为常见的情况是，我们往往会更容易与那些自己可以很快同其建立信任的人一起出去玩，因为他们了解我们的历史，能够听得懂我们的笑话，并与我们有着相似的价值观。为了克服偏见，你得尊重差异并与他人建立真正的关系。其中你要做的工作就是，注意到圈内人和圈外人这种现象是如何影响自己的生活的，并尽量拓展自己的圈子。

因为我们缺乏对圈外人的信任，所以即使彼此之间存在明显的差异，我们也应该寻找相似之处。每当一个热门的政治话题在国内或国际上受到关注时，我们的脸书主页等就可能会被各种政治评论刷屏。如果有一些观点和立场能让你抓狂，你就会明白人际关系是纷繁复杂的。当这种情况发生时，大多数人都会对家人及那些误入歧途的熟人的理智表示质疑。但是，很少有人能够停下来，并参与到那些试图去理解自己不同意的观点，甚至是带有政治色彩的观点的对话中去。我们并不要求这种参与必须是真诚的，但人们确实需要相互尊重并诚实地与他人进行沟通。

我们很荣幸为国会领导者协会（Congressional Leadership Institute）促成了一个特别的项目，该项目由两个总部位于华盛顿特区的非营利组织"寻求共同点"（Search for Common Ground）和"信仰与政治研究所"（Faith and Politics Institute）

合作而成。项目的主要内容是一个为期18个月的由两党合作的、以对话为基础的系列会议，会议的主题涉及种族和民主。民主党和共和党的国会议员基于共同的价值观和目标走到了一起，共同讨论了一些非常具有挑战性的议题。很显然，这项任务并不容易，但他们都明白合作的必要性和紧迫性。

系列会议期间有一段插曲，明确地说明了拓展圈子的艰难性。来自两个不同党派的国会代表团一起观看了一场体育锦标赛，并在推特上发布了一些为各自球队加油的照片。但结果如何呢？各自的选民对他们与"敌人勾结"的这种行为表示极度愤怒。民主党人向他们的民主党代表传递了选民表达出的愤怒的信息，共和党人亦是如此。我们的社会之中有一种巨大的压力，它会阻止你扩大自己的圈子，所以你不要错误地认为这是一件容易的事情。

当然，并不是所有的国会议员都参加了我们这次的对话，但参与对话的议员都非常有远见，并因此相互建立了持久的关系。你能想象如果所有领导人都不顾分歧，且团结起来寻求解决方案，那么美国或世界将会有多大的发展吗？

● 坚持求同存异。

对婴儿的研究结果表明,人是社会性动物,会对那些长得像自己的直系亲属和自己早年接触过的人表现出积极的偏好。[1]然而幸运的是,这些积极的偏好是可以改变的,大家可以学会扩大自己的"家庭"。人们往往会无意识地偏好那些外表、行为和思维方式与自己相似的人,如果他们愿意改变自己内心的这种偏好,那么我们在真正克服偏见的过程中,就要敞开双臂接纳这样的人。

比如,在以白人为主的学校和社区里,蒂法尼几乎总是唯一的黑人女孩。她早期所受的家庭影响来源于非裔美国人,因此你可以想象得到,她的朋友和她完全不同。在这里,她叙述了自己曾经的经历:

"我周围的人都是白人,他们在社会上享有特权;而我的父母是医生,这使我在社会经济上享有特权。有趣的是,当开始谈婚论嫁时,我不知何故得到了一种文化暗示,即人们应该与同族的人结婚。在20世纪90年代,你认识多少对异族通婚的夫妻?

即使认识几对,他们中又有多少对是黑人女性与白人或亚洲男性通婚的呢?从统计学上讲,这种情况在今天仍然很少见,而在当时更是如此。所以我曾两次尝试与同族的人结婚,但都失败了。我并不是说这两段婚姻的失败仅仅是因为种族的问题。我从中体会到的是,除了肤色,自己和前两任丈夫几乎没有什么共同之处。有时候,你不得不重新回过头来审视生活中的信息,重新评估它们的准确性和关联度。"

在这种情况下,蒂法尼的偏见是偏向于她圈内人的肤色。对圈内人的偏好是一种常态,也是一种默认的假设。有时,文化暗示和某些信息是隐性的,会成为人们所不知道的"决策矩阵"(decision-making matrix)的一部分。还有哪些其他信息,可能是人们正在传递却完全没有意识到的呢?

- **不要害怕质疑自己的信仰和家庭价值观。**

蒂法尼的成长经历有点像美国中产阶级的白人女孩的经历。尽管如此,顺从文化的压力还是巨大的,但她总能按照自己的节奏前进。

"我认为,我潜意识里更喜欢那些一直陪伴着我的家庭成员——父母、祖父母、姑姑和叔叔。我身边大多数的夫妇都是棕色人种。我有什么资格去打破这个传统呢？好吧，但我终于做到了，这是一个彻底的'范式转移'（paradigm shift）。我与现任白人丈夫的共同点比我与前两任黑人丈夫的加起来还要多。不要忘了，我是靠种族问题和多样性谋生的，不仅留着黑色人种特有的发绺，还为自己身为黑人女性而感到舒适和快乐。所以，我绝不是否认自己的身份，这是一种认识，即为了寻找真爱与和睦，我不必屈从于圈内主要成员的潜意识偏见。"

● 要认识到自己的圈子，但不要让它左右你的决定，因为你首先是独立的个体。

圈内人和圈外人的界限并不总是那么明确和一致的。我们的朋友——记者克里斯·多维（Chris Dovi），他分享了自己生活中的一段关于圈内人和圈外人的故事。

"我父亲这边的家庭成员都是意大利人，他们的肤色特别深，头发又黑又卷。在孩提时代，除了没有卷发，我看起来就像是跟他们从一个模子里刻出来的一样。20世纪70年代末至80年代初，我在汉普顿路长大，曾就读于一所小型天主教学校。那里的学生要么是中上层阶级金发碧眼的当地人,要么就是被经营这所学校的卡梅尔修女收留的中南美洲难民。除了我,没有人介于这两个群体之间。

"这两个群体的成员互不来往。我发现自己被孤立在中间,两边都不愿意接纳我。我不会说西班牙语,这让拉丁裔学生感到很困惑,他们不愿意和我交流。白人学生也很困惑,不愿意和我交往,因为我看起来像是他们一贯看不起的拉丁裔学生。更具有讽刺意味的是,这所学校里还有一小部分黑人学生,他们在学校表现得更好,更容易被白人学生接受。

"你真的不能把这种做法称为种族主义——8岁的孩子不应该被贴上这样的标签,但它确实让我产生了成为"他人"的想法,这种痛苦的经历一直伴随着我。从我那些同学的角度来看,这些成长经历同样也伴随着他们,会影响他们成年后的想法,而这些想法最终会固化成更容易被贴上标签的主义。所以,在应对人们无意识的偏见时,我会试着用这段经历来提醒自己,必须考虑到各个方面和各种经历。每个人都有偏见。想法对也罢,错也罢——即使这些或对或错的想法会随着时光的流逝和代际差异而改变——但人们本身并没有对或错。总有人会背负着记录了他们人生经历的共同包袱。"

克里斯和他的学生一起做了一项很棒的练习,以此来帮他们走出舒适区。

每当反对别人对我或他人的刻板印象时,我就会意识到自己的偏见。根据自己的偏见来判断一个人是我的本能反应。但每一个行为,都有一个相等且相对的反应。捍卫自己的立场和观点,是人类与生俱来的自然反应。但是,观点和偏见之间往往有一条微妙的界线。

我目前在弗吉尼亚联邦大学(Virginia Commonwealth University)教授新闻学课程。每年我都会做一场演讲,就里士满市夏可洼地(Shockoe Bottom)存在的有关争议和开发商试图将棒球场建在历史街区发表看法。这里曾经是美国奴隶批发贸易的中心,它从未被发掘过。鉴于它的兴起过程,我们知道,代表美国那段屈辱历史的许多遗址自100多年前被埋葬以来,至今仍然完好无损。

我通常会花大约一个小时的时间,带领学生们了解里士满市夏可洼地那令人忧伤的历史,因为它揭示了美国黑人和白人选择走向自由的两种不同路径。这座城市可以真正称得上为后来《美利坚合众国宪法》和《权利法案》的颁布奠定了基础，同时也构建了关于奴隶的商业化体系和南方邦联的哲学基础框架。这一整段历史可以从圣约翰教堂（St. John's Church）、弗吉尼亚州国会大厦（the Virginia Capitol）、黑人的墓地（Burial Ground for Negroes）以及夏可山谷边界的火箭遗址等地窥见。

这种在情感上令人疲惫不堪的历史回顾通常会让人泪流满面，那些事先声明对历史不感兴趣的学生总能从中受到鼓舞，并在之后随时准备躺在推土机前面，以阻止开发商的邪恶之手破坏这些历史遗迹。每当在讲课时，我一定会详细地把这段历史讲出来，这样学生就有大概3分钟的时间来吸收或反驳——故事的另一面。在完成这段历史回顾后，我会问学生，他们是否能提出故事的另一面，答案总是一个情绪化的"不"字。

随后，我做了一个3分钟左右的演讲，概述了该地区200年以来的发展和衰败所带来的挑战，这些挑战现在阻碍了这一地区的复兴，而这一地区正是这座城市的象征、心脏和灵魂。我解释说，除非洪水得到缓解，否则这个地区毫无发展的可能。为数不多的切实可行的一个计划就是建造一个巨大的凹地，然后将其用作棒球场。这可以为洪水提供一个蓄水池和泄洪区，因为洪水每过20至50年就会不可避免地在该地区肆虐。还有一些人拥有财力和能力,试图让这个地区变得更好,但这里的潜力却无法被充分发挥出来。

学生们困惑地走出我的课堂,并质问自己,这才是我想要的结果。他们也明白环境很重要。在这场关于现代政治的戏码中,保护主义者和开发商都不是坏人。这个世界当然会时不时地出现坏人,但大多数时候只有正面人物——每个人都在为他们认为正确的事情而奋斗。

# 练习4：故意唱反调

你若想展示自己的辩论能力，那就找一个你信任的朋友或家人。这个游戏的最佳搭档最好是能够让你开怀大笑，或者有戏剧背景的人。你的任务是选择一个话题，但最好不要选热点话题，然后为与你意见相左的一方至少辩护5分钟。邀请你的伙伴为你通常支持的一方进行辩护。如果在学校学过辩论，那么你应该很擅长这个。说出你对这个练习的情绪反应。如果你想不出一个合适的人来帮你做这个练习，那就自己写封信，并在信中支持对立的观点。

练习4可以提高你的批判性思维能力。世界上一些非常成功的领导者往往能够看到问题的方方面面，并综合各方的意见，最终提出各方都能接受的解决方案。当然，其中多多少少会有一些妥协，但当你能真正看到别人的观点，并对他们的观点稍加验证时，就可以为尊重差异并建立真正的关系搭建桥梁。

从事这类工作时，很重要的一点就是要提防诱惑，不要让自己一直处于舒适区。你知道我们说的是什么意思：我们天生就容易被与自己相同的人所吸引。为什么？因为它是简单且阻力最小的路径。马修·弗里曼（Matthew Freeman）有一些很好的例子可以说明，这种圈内人现象是如何影响他的成长的：

"我在弗吉尼亚州里士满郊区长大。我既属于那里也不属于那里。我不属于那里是因为我的家庭很富裕，而我属于那里是因为我的父亲是联合卫理公会（United Methodist）的一位白人牧师。当时的教派主要把牧师分配到与会众种族相似的教堂里。在里士满的西部，特别是河路地区，人们非常富裕，群体也很单一。事实上，这样安排是有目的的。这个社区的大部分建筑都是在白人迁徙的高峰期建成的。实际上，在20世纪60年代，伴随我成长的教堂从市中心搬到了郊区。社区成员包括一位州长、一位由《财富》杂志评选出的一家500强公司的首席执行官,以及企业家、医生和律师。我有时会感到惊讶,因为在这样富裕和富有特权的氛围下长大的我,最终却从事了现在的工作,并写出了这样一本书。

"也许在读这本书的人当中,有些人有着近乎相同的背景,其周围人的种族、教育和社会经济地位背景也很相似。因此请你不妨做出一些细微但谨慎的选择,从而尽可能地与不同的人多加交流和接触。这就是你开始注意并走出舒适区所要做的一切。

"我每迈出一小步,都会离舒适区越来越远,并不断结识新的人。我的大学威廉玛丽学院(College of William and Mary)距离我长大的地方只有45分钟的路程,这并不是一个冒险的选择。但在那里,我遇到了一些与自己意见相左的人。通过交谈,我和他们建立了友谊。我还参加了一个狂欢联谊会,以及每周的基督教圣经学习。我有意选择的那些课程都能挑战我固有的世界观。当决定去读研究生时,我选择了离开家乡,为的是能与我成长的文化环境保持一定的距离。在选择研究生院的过程中,我遇到了一所神学院。那里有我感兴趣的课程,来自世界各地的教职员工和学生相处得也非常融洽。所以我决定去维真神学院

（Regent College），它是位于加拿大温哥华的不列颠哥伦比亚大学（University of British Columbia）的一部分。

"在维真神学院学习期间，我跟一个英国人学神学，跟一个澳大利亚人学社会学，跟一个加拿大人学历史，这个加拿大人是当年逃往加拿大大草原以躲避宗教迫害的苏联门诺派的后裔。作为这位历史教授的助教，我能够阅读他翻译的20世纪初的信件。我把这些信件打印了出来，它们全是由那些在全球寻求庇护的苏联人写的。我惊讶地发现，他们中的许多人都不想来美国，因为在他们眼中，美国并不愿意接纳和容忍新来的人。作为基督教和平主义者，他们希望能免于被迫服兵役，但不确定是否能获得自己所追求的宗教自由。在22岁之前，我悲哀地只听到过一种说法，即'美国是世界上最伟大的国家，每个人都梦寐以求来到这里'。加拿大这个国家，从建国伊始就欢迎那些在美国革命中想要忠于王室的异见人士。生活在加拿大的这段经历，让我改变了自己对美国例外论的狭隘的看法。"

在国门之外的另一边学习历史的经历，让马修认识到自己之前的观点是多么的狭隘，同时他也明白了圈内人往往只会从自己的角度看待问题。这在很大程度上影响了他之前的那些观点，也让他认识到，来自不同背景的人可以帮助他发现自己持有的一些甚至自己都未察觉的假设。

我也在向我的同学们学习。我与尼日利亚人、德国人、中国人和新西兰人一起参加了一个社团，这个社团每周举行一次活动。在第一学期，我们每周轮流分享自己生活中的故事。我认识到，自己之前在弗吉尼亚州享有特权的聚居区里的生活是多么惬意。每当公司说"节日快乐"而不是"圣诞快乐"时，美国的基督徒们就会抱怨，觉得这是宗教迫害。但我的尼日利亚朋友向我分享说，在他所在的国家里，基督徒和穆斯林几十年来一直在互相残杀。我的加拿大朋友和邻居则让我明白，其他国家对待贫困、吸毒、暴力等挑战社会的方式，与我之前生活的美国东部所采取的方式有所不同。

我还以更平凡的方式了解到，文化对我们每个人的影响都非常深刻。我永远不会忘记我的德国朋友亨宁（Henning）和科妮莉亚·格罗斯曼（Cornelia Grossman）曾问过我的问题："你不喜欢我们吗？"这让我很震惊。我们每周都会一起出去玩几次，也会定期共享咖啡和晚餐，他们怎么会认为我不喜欢他们呢？

"我当然喜欢你们啊，"我回复道，"你们为什么会问这个问题啊？"

"因为你无论什么时候来，总是要迟到10分钟。"

我的大脑突然一片空白。因为我从小就被教导，赴约时晚到几分钟是比较礼貌的。这样，主人就不会感到疲惫不堪，不会在精心完成烹饪、清洁或其他准备工作后毫无喘息的机会。然而，德国朋友们认为守时是尊重的表现，他们经常会提前5~10分钟到。这让我非常恐慌，我手忙脚乱地赶在最后一刻把食物端上餐桌。在我看来，他们不是提前10分钟到了，而是提前20分钟到了！我本来希望他们能够晚10分钟来。但在他们看来，我迟到了20分钟，因为他们希望我能够提前一些到。正是与不同的人进行的这些微妙的、日常的互动，在某种程度上揭示了我的假设的适用范围，即这种假设得到了比想象的更广泛的认同。

即使是这些简单的差异也会引发更深层次的疑问：为什么人们会对自己为人处世的方式深信不疑？大家都是由各自生活的环境所塑造的，其影响之深远超出我们的理解范围。你所在的家庭、宗教团体、社区、国家——它们都形成了一个环境，教你如何理解周围人的行为。马修继续讲道：

"迟到是对人不尊重的表现吗？或者是一种礼貌？又或者相较于那些邀请你参加聚会的人，这是一种能够巧妙地衬托出你相对重要的方式吗？可以与不同种族的人约会吗？那不同信仰的人呢？不同国籍的人呢？收养其他种族或国家的孩子会怎么样？

"读研究生时，我参加了一场非正式的咖啡馆辩论，这场辩论由一名玻利维亚人和一对波兰夫妇发起。辩论的主题是：是否应该把祖辈抢占的土地归还给原来的所有者？玻利维亚人激动地争辩说是的，西班牙殖民者从玻利维亚土著人民那里夺走了土地，而目前土著人民深受贫穷和饥饿的折磨。这正是当年抢占土地所造成的直接后果。土著人民要求伸张正义，找出重新分配土地的办法。

"顺便提一句，在包括南非在内的多个后殖民社会中，这一尝试（对土地的分配）均取得了不同程度的成功。然而波兰夫妇对此的回应却是：一派胡言。在过去的一个世纪里，仅仅是德国和波兰之间的边界就已经发生了许多变化，更不用说几千年前了，所以重新谈判当前的边界和土地所有权是一种愚蠢的行为。历史总是充满了不公，我们不可能纠正过去人们犯下的所有错误。如果我们的正义感是建立在这个基础上的，那么注定要失败。"

对马修来说，很有趣的是看到每一种立场在道德上和逻辑上都是站得住脚的，而这又完全与这些人所处的文化和历史背景紧密相连。只有通过与他人接触，人们才能逐渐看清自己是如何以及在多大程度上受到所处环境的影响的。

那么，如何发现自己的假设呢？答案是扩大圈子。我们要尽量与多个不同的人交往，与他们畅所欲言，而且不要回避困难的问题。

# 练习5:走出舒适区

一切都会好起来的。我们知道这听起来有点吓人:对于建立真正的关系,你若想游刃有余,就得让自己付出点代价。你需要找一个地方,在那里你属于少数群体,越少数越好。试着在一大群人中做唯一的那个____人(填空),并把你的想法、感受和对话记录下来。它可以让你大开眼界。这有时是好事,有时是坏事。不要让一个实验永远影响你的观点。要不断冲洗、不断重复,看一下走出舒适区的这种经历是如何演变的。

用我们的朋友道格·布朗（Doug Brown）的话来说：

"在美国，身为一名白人男性，要想跨越种族和文化的差异而不犯下某种错误往往是很难做到的。一些属于有色人种的人会说，白种人不应该教有色人种的孩子，不应该住在历史上一直是有色人种居住的社区，不应该收养有色人种的孩子，不应该唱有色人种唱的歌曲。我凭什么不同意呢？因为我认为我们必须怀揣着爱，睁大眼睛，竖起耳朵，敞开心扉，走进一些并不属于我们的地方。"

扩大圈子真能帮助你克服偏见吗？关于无意识的偏见的研究相对较新，关于克服无意识的偏见的研究则更新。这些还远远不够，但消除偏见的路径似乎相当清晰：将自己置于反刻板印象的例子中，至少会暂时降低你在内隐联想测验中的内隐偏见分数。尽管在生活中你完全有可能对很多人抱有成见——我们都知道有性别歧视的男人爱他们的妻子，或者怀有偏见的女人都有一个"黑人朋友"——但如果你遵循我们的建议，既扩大自己的圈子，又审视自己的特权，就掌握了研究结果表明的克服偏见的关键两步。

行动呼吁Ⅲ：扩大圈子

如果想与他人感受到彼此的真诚，那就去见他们。走出你的舒适区，进入到他们的舒适区。

CHAPTER 4

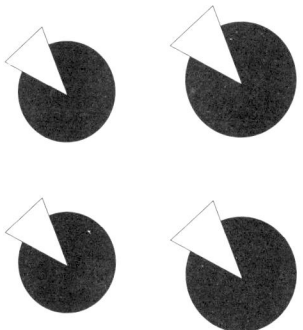

检视你的特权（和自负）

没有差异，就不会有偏见。如果你拒绝承认别人的世界观与你的不同，那就无法克服偏见。为了克服偏见，你要认识到自己的观点并不是唯一的，而且不可能总是正确的。这意味着你需要检视你的自负，并承认自己的特权。未经审视的偏见可能看起来像特权，因此花时间区分这两者非常重要。

你是谁并不重要。如果你正在读这本书，那在某种程度上就是有特权的。在本书中，特权仅仅意味着一个群体的成员拥有的优势，这种优势并不是每个人都有的。比如，你可以阅读。根据联合国教科文组织（UNESCO）提供的数据可知，仅凭这一点，你就超越了世界上10%~20%的15岁以上的人。为什么会有10%的差距呢？因为如果你是男性，接受教育的可能性就会更大一些。

一般来说，特权会让人无法看到别人面临的挑战。经历过痛苦的挑战，人们可能更加同情与自己处于类似处境的人。所以，举例来说，如果你或你的爱人患有慢性疾病，那么对于其他人类似的痛苦，你可能更加感同身受。享有相对健康的特权并不会让你成为一个坏人，但会让你更难（而并非不可能！）理解慢性病患者在日常生活中所面对的困难和挑战。基于身份的特权亦是如此。如果你从未因自己的肤色而担心被警察虐待，那么要充分理解许多有色人种人士在与执法部门打交道时经常感到恐惧是非常困难的。如果我们想尊重差异并建立真正的关系，就必须努力认识到自己的特权。只有这样，我们才能更深入地探索由此产生的盲点。再重复一遍，起始点依然是自我认知。

● **了解自身的特权，否则就有被它们绊倒的风险。**

当你想要克服偏见时，你的自负可能会起到反作用。自负会让你觉得自己比他人优越。所以，不要让它左右你。实际上，这意味着暂停评判，扩大好奇心。如果一位同事告诉你，她感觉自己作为女性，受到了不平等的对待，那么你（至少）会有两种可能的反应：一是"我肯定不是那样的。我们的经理提倡多元化，没有性别歧视！"；二是"我很抱歉这样的事情发生在了你身上，快告诉我发生了什么事"。尊重差异并建立真正的关系更多的是需要后面这种回复，你得把自己的看法暂时放在一边，这样你才能真正地理解他人的想法。

显然，关于特权的讨论充满了紧张的氛围。首先，如果你是白人男性，那么完全没必要惊慌失措。人们往往会操控有关特权的讨论，将其作为一种武器来指责和羞辱白人，尤其是白人男性。你可能会对带有偏见的谈话，尤其是关于种族方面的谈话，感到内疚、羞愧和恐惧，但这是完全没有必要的。我们感到遗憾的是，特别是在现在的美国，人们要表达、拥有或探索自己和社会的偏见已经成了可怕和危险的事情。这确实很糟糕。

●共同努力，寻求互惠的解决方案。

这是症结所在：对于当前社会上存在的问题，你仍有责任发挥自己的作用。你还没有完全摆脱困境。但话又说回来，我们亦是如此。

蒂法尼从她的角度解释了特权：

"即使作为一名黑人女性，我也有很多特权。特权从来都不是某个种族、某种性别或某个群体所独有的。特权是相对的。现在请忽略我后面这句话的前半部分：我并不是说白人或男人、基督徒或美国公民，就像我的合著者马修一样没有特权。我只是说，他们并不是唯一享有特权的人，不应该为400多年前祖先们所做的事而感到内疚。是的，当年的事情太可怕了，奴隶制和厌女症的余毒在今天依然存在。因此，与其责怪那些没有挑起事端的人，为什么我们不能共同努力，寻求清晰、互惠的解决方案呢？我之所以提到互惠的解决方案，是因为我们如果大规模地处理人际层面的偏见，实际上就能够影响更大的系统。有的人享有特权，有的人没有特权，人们之所以对这种现象感到愤怒，通常是因为更大的系统催生了人们的这种挫败感。"

●特权是相对的。任何人都可以拥有特权，而且大多数人都有不止一个。

大多数人凭直觉就能明白，社会偏见由来已久。尽管大家都知道这不对且不公平，但在美国，女性的平均工资仍然低于男性的。这让人们感到不安。那么，为什么这种明显毫无根据的偏见如今仍然能够被允许存在，并以非常不幸的方式影响现实中的人呢？这是因为支持它的制度是建立在偏见的基础之上的，而偏见已经深深地嵌入到社会的方方面面。要想消除种族主义、性别歧视、仇外心理、残疾歧视和其他有害的偏见，人们需要深思熟虑、共同努力。因此，如果你渴望促成这些改变，并愿意帮助家人、朋友或同事加入我们的队伍，那么得准备承认自己的特权，并把它用在正确的地方。

练习6：关于特权的TEDx演讲的威力

这个练习非常容易。访问https://www.youtube.com/watch?v=N0acvkHIiZs，就可以观看蒂法尼的TEDx 脱口秀了。你在网上观看前，一定得阅读下面这些我不得不说的内容！

●知晓你的特权,在任何存在偏见的地方好好地利用它。

好消息是,上面提及的互惠解决方案是可行的,因为一旦做到了包容,每个人到最后都是赢家。我们愿意相信,当种族因素不再左右结果,当关于人类价值等级的谬论就像"地球是圆的"这一事实一样得到人们充分的认识后,我们就可以把不同种族的人团结起来。我们期待着将来有一天,当孩子们在读到关于人有优劣之分的故事时,不禁会想:"这些人怎么会这么愚蠢!"

有关特权对话的另一个挑战就是,人们一提到它就会产生防卫心理。你肯定想避免"疼痛奥林匹克"(Pain Olympics)。疼痛奥林匹克指的是人们倾向于否认特权,而把注意力集中在不惜一切地证明自己和(或)与自己相同的人比别人更能忍受痛苦这一点上。这是一个终将失败的倡议。相反,就如何看待自己的特权这一问题,你可以试着将控制—战胜—征服这种架构运用到其中。

1.通过承认特权来抵消它的影响。无论你的特权是奋斗得来的、不劳而获的、继承来的、运气带来的,还是源自其他出处,你都不必为自己拥有它而感到羞耻或抱歉。它属于你,帮助你到达了现在的地位。所以承认它吧。如果你能够认识并承认它,同时不仅仅是为了个人目的而发挥它的作用,那么没有人可以用它来反对你。(我们将在下一部分内容中详细介绍。)

2.通过将指责或防御的语气转变为疑问、理解和同情的语气,从而摆脱特权对自己的控制。指责或谴责别人的人,往往会很痛苦,希望找人倾诉,所以我们要试着倾听。请试着把你的想法和特权放在一边,多花些时间去倾听和学习,减少自我防卫。要学会理解别人的痛苦和观点。我们向你保证,这并不会否定你的痛苦、特权、身份或经历,只会让你与别人更亲近。这难道不是我们最终追求的人际关系吗?

3.现在到了最难的一关——征服。若要征服特权,我们就得把自己的感受放到一边,然后学会倾听、学习,并为他人服务。这并不是说你一定得像特蕾莎修女(Mother Teresa)那样完全致力于为他人奉献,但一个人放下自己的特权,并用它来帮助别人,确实就是特蕾莎修女的样子。那些能够征服特权的名人一般都具有自我牺牲精神,他们发起的运动,往往都能改变世界。这些人当中有甘地(Gandhi)、马丁·路德·金(Martin Luther King),以及每一位圣人。这是一个非常高的标准,但关键是,这个概念是可以延伸的。就人际关系而言,如果你能够运用这些想法，你的朋友圈和同事网就会变得很广泛。从更高层面来看，你还可以促使自己的公司、行业或国家的人处理偏见的方式发生变化。这不是一个小提议。不相信我们？下面有一个非常现实的研究案例，是专为那些还没有准备好成为圣人的人量身定制的……

很早以前，巴特·霍拉汉（Bart Houlahan）管理着一家体育服装公司，这家公司肩负着社会使命。它就是美国的运动品牌AND1。顾客每买一双运动鞋，公司就会捐赠给真正需要鞋的孩子一双鞋。这是不是听起来有点耳熟？是的，巴特在汤姆斯布鞋（TOMS）以这种商业模式出名前就已经这么做了。他是一名白人男性，其公司的社会使命所惠及的大多数孩子都来自低收入家庭。巴特看到了被他视为圈内人所属的群体的需求，所以利用自己的特权来做出积极的改变。他孜孜不倦地创建了一种商业模式，这一模式尽管还是以盈利为目的，但同时也承担了社会责任，并在许多方面都发挥了重要的作用。

不久之后，AND1就获得了名人的代言，并被一家顶级运动服装品牌收购。新老板做的第一件事，就是放弃公司的社会使命，停止赠送产品。毕竟，免费的鞋子并不能使股东的权益最大化。毋庸置疑，巴特伤心欲绝。从本质上来说，他是因为成功而受到惩罚的。他决定开始做一些完全不同的事情。巴特与杰伊·库恩·吉尔伯特（Jay Coen Gilbert）和安德鲁·卡索伊（Andrew Kassoy）联手成立了一家名叫"共益实验室"（B Lab）的非营利组织。共益实验室可以让社会企业充分利用共益企业（benefit corporation）这一新的合法形式，在股东权益和社会效益之间取得平衡。通过共益企业认证和增加融资渠道，它可以很好地支撑这些企业，并增加它们获得资金的机会。截至本书出版（原版书出版时间是2016年），全球已有将近2000家经过认证的共益企业。巴特的个人经历及其与斯坦福大学的三个室友之间的友谊促成了一场全球运动，这场运动目前正以可量化的方式让世界变得更美好。

● **特权并不能使一个人比其他人更优秀，人人都是平等的。**

那么如何才能做到这一点呢？我们如何才能在人与人之间架起更多沟通的桥梁，最终成为完整的人类呢？若想建立真正的关系，个人就得有目的地寻找各种各样的关系。在人际关系中敞开心扉，人们不仅容易受伤，而且也不为内心的自我所欢迎。克服偏见要求我们成为文化盟友——通过文化流利性和文化能力有意加深自己对他人理解的人。如果仅仅是漫不经心、泛泛而交，那么这还远远不够。

细想一下你认识的那些包容性很强的人，以及那些社交圈广得像联合国一样的人。这些人常常利用自己的特权来尊重差异并建立真正的关系。有时候，这种经历可以改变人生，就像参加"和平队"（Peace Corps）一样。如果人们能把自负放在一边，妥善处置自身的特权，往往就能够建立起真正的关系。

我们的朋友迈拉·古德曼·史密斯（Myra Goodman Smith）所拥有的朋友圈和同事网络是我们见过的人中最广泛的。她的人际关系真实而又真诚。其举止恬静随性，在所有信任她并尊重她作为领导和朋友的人眼中，她都是用同样的热情与他们交往的。就自己尊重差异并建立真正的关系的经历，她发表了如下看法：

"我敢说，我自己的人际关系比我所知的任何人都更为广泛、多元。我现在是里士满领导力组织（Leadership Metro Richmond，LMR）的主席兼首席执行官，该组织致力于促使我们所在区域的社区领导发展和参与组织。LMR是一个创新项目，创建于1980年，其宗旨是改善我们所在区域的社区领导中存在的种族、性别和社会经济地位分化状况。

"按照要求，该组织招募了一批有远见的领导，并将其组成了一个小组。大家共同参加了一个新活动，这个新活动旨在将不同群体的新兴领导联合起来，以此来增进彼此之间的理解和合作。这个小组对社区内部存在的挑战进行了深入的考察，同时营造了一个能够理解和尊重他人观点的安全环境，并就这些挑战征求了各方的意见。这42名社区领导成了里士满领导力组织的首个班级的成员。35年过去了，LMR已发展成为一个由1900多名不同的领导人（成员）组成的网络，其中有1400名仍然居住在我们所在的区域。

"我的职责是服务和领导LMR成员，这些成员代表了不同的种族、民族、性别、年龄、经济状况、宗教信仰、政党、受教育程度、居住地。许多成员会来找我，就社区领导、个人成长以及日常生活中的问题寻求建议和指导。尽管每个人的情况各有不同，但他们的愿望和关注点都非常相似。我很尊重他们（这是我的核心价值观），并能认识到他们每个人都是独一无二的。"

当被问及是一生中的哪些重要时刻促使她走到现在的位置

时,迈拉回答说:

"我很崇拜领导者。孩提时代,我就经常在流动图书馆中阅读人物传记……通过阅读有关不同背景的领导者和历史缔造者的书籍,我了解了他们的奋斗过程和成就,明白了他们为什么要以他们的方式来采取行动、与他人互动并做出决定。尽可能多地去了解他人,而不局限于自己所看到的,这对我来说是一生的动力。

"我一直坚信,人与人之间可以跨越差异并建立真正的关系,尽管无论是过去还是现在,并不是所有人都能欣然接受这一看法。学校整合一年后,我新认识了一位白人朋友。我年轻时遭受的言语仇恨,让我更加下定决心要与不同的人建立关系。今天,我很欣慰地告诉大家,我的朋友网络是最为多元化的……我从他们身上获益匪浅,并深刻认识到,他们看到的是我这个人,而不是我与他们的差异。"

有些人经常关心边缘人群的成员,如:一对同性恋姐妹或一位靠轮椅生活的密友。通过与这些边缘群体中的人长时间接触,他们成了文化盟友。无论是直接还是间接地去深入体验深刻的个人境遇,人们都能够敞开心扉。同样,当我们与那些有着不同特权经历的人建立密切关系时,我们的观点也会发生改变。我们建议你主动去拥抱多元化,否则就有被打脸的可能。因为它无处不在。你要把它找出来,好好检查一下自我,然后走出舒适区,多认识一些与自己不同的人。

作为一名美国白种男性公民,马修性取向正常,拥有自己的公司,凭借自己的身份而享有社会特权。对于像马修这样拥有特权的人来说,看到并承认这一点可能是具有挑战性的。有关特权的讨论,时常让那些认为在道德上对世界上的不平等现象负有责任的人感到不安,或者让他们对自己在生活中取得的成就产生怀疑,甚至将其归因于无法选择的身份,而不是努力工作。学会看到自己所拥有的特权,是尊重差异并建立真正的关系的重要一步,尤其当一个人属于社会边缘群体时更是如此。马修是这样看待自己的特权的:

"我有许多特权。它们是从何而来的呢?这些特权并不是与生俱来的,我无法选择自己想要的身份。有特权或者没有特权,主要是就社会人如何对待你而言的——社会人会重视和欣赏某些社会群体,以及评判哪些个人经历是主流和正常的。

"我曾在我一个高中朋友的大学教室里做过客座演讲。布赖恩（Bryan）当时是宾夕法尼亚州一所小型文理学院的教授，他邀请我来谈一谈有关特权的问题。所以，我让学生们集体讨论，并列出一些在某种程度上被美国社会边缘化的群体。以下是他们讨论后得出的结论。

边缘群体：

1. 有色人种。

2. 女人。

3. 残疾人。

4. 贫困人口。

5. 非异性恋者。

6. 非基督徒。

7. 移民。

"然后我让学生们想一想，如果这些群体处在社会的边缘，那么又有哪些相应的群体处于这个社会的中心呢？他们列出的清单如下。

边缘群体：　　　　中心群体：

1. 有色人种　　　　1. 白人

2. 女人　　　　　　2. 男人

3. 残疾人　　　　　3. 四肢健全的人

4. 贫困人口　　　　4. 非贫困人口

5. 非异性恋者　　　5. 异性恋者

6. 非基督徒　　　　6. 基督徒

7. 移民　　　　　　7. 本土出生的美国公民

"在我看来，关于特权的讨论无论是在情感上还是在政治上，都令人担忧。所以，随后我鼓起勇气问了一个问题——尽管答案很明显。我让学生们好好想一想我这个客座讲师，并让他们指出我是属于边缘群体还是中心群体。对他们来说，通过我的衣着和外来访问客座讲师的身份，以及根据视觉的判断，我是个白人，四肢健全，似乎并不贫穷。从我的故事中他们也可以明显看出,我出生在美国的一个信奉基督教的家庭,并且与一位女性结了婚。在上面所列举的21世纪被美国社会边缘化的群体中,我不属于任何一个。我问学生们,我的特权是不是我的选择?从这些边缘群体的类别来看,他们的答案当然是否定的。

"上述列表中的群体,可以说只有两类群体可能会被认为是人们某种选择的结果。其中一个是宗教信仰,另外一个是经济状况。然而,值得一提的是,当你还是个孩子的时候,宗教信仰和社会经济地位往往都是你无法选择的。这些早期的影响是由抚养你的人和你所处的环境造成的。尽管如此,我还是把这个思考作为一个开头,以此引出我选择自愿贫困的实验,即与那些经常被边缘化和被忽视的人同甘共苦,部分原因是为了做出选择,而放弃一些特权。"

但是人们真的能放弃特权吗?答案是肯定的。我们虽然无法改变自己的肤色,但可以改变自己的社会经济地位,如选择贫穷。多萝西·戴(Dorothy Day)是天主教工人运动(Catholic Worker Movement)的创始人,她曾经说过:"我既谴责贫穷,又提倡贫穷,贫穷既简单又复杂。这是一种社会现象,而非个人问题。"[1]自愿贫困与被迫贫困有很大的区别,二者不能混淆。几个世纪以来，佛教僧侣、天主教修女和乌托邦社会主义者（utopian communalists）都自甘贫穷，以此将自己从物质社会的需求中解放出来，而追求启蒙。多萝西·戴和受到她启发的天主教工人自愿接受贫困的原因还有一个：将其作为一种弥合穷人和非穷人之间经验鸿沟的手段。多萝西·戴说，自愿贫困"意味着不去享受那些因为剥削他人而得到的安逸和奢侈品……当我们的兄弟姐妹还因为缺衣少食而遭受痛苦时，我们将拒绝享受安逸"[2]。马修被这个想法深深地吸引，并受到多萝西·戴的启发，决定体验一下自愿贫困的生活。

"在某种程度上，这是我一系列小步骤中的一个。我当时在一家非营利机构工作，挣的钱并不多，住在一个种族混杂的中下阶层社区。后来我选择搬到城镇的另一边去居住，那里的社区更加同质化，居民大多数都是黑人和穷人。同时我继续致力于维持自己的低收入。

"在弗吉尼亚州里士满距离菲尔德法院公共住房社区几个街区远的地方，我建起了自己的天主教工人社区住宅。包括我在内的三位创始人都做过兼职，我们赚的钱足以支付房费和水电费，但除此之外我们没有其他的收入。我们努力与他人成为好朋友和好邻居，而且每周会做三顿饭，然后向社区所有人开放。这样做并不是为了与大家一起吃饭,而是试图为社区成员创造一个聚会的平台。此外,我们还为那些在短期内需要帮助的人保留了一间客房。

"居住在这所没有被维护过的(在19世纪建造的)房子里,我真正体会到了什么叫作老房子。这里的电线老化,没有能够使用的壁炉,房间的墙也没办法隔热。夏天室内的温度会超过100华氏度(约38摄氏度),而冬天寒风凛冽,水管会被冻住,有时候还会爆裂。我花了很多个早晨来清理管槽间隙里的动物尸体,这样就可以用吹风机来处理卫生间下面冻住的管道了。我们请不起承包商,所以只得与技术娴熟的朋友进行物物交换,设法学会自己修理,学会放下自尊以接受朋友和邻居们的帮助。我开始意识到自己之前的生活是多么的好,家里有自来水,室内温度舒适宜人,房子也安全,没有潜在的危险。邻居们向我讲述了一些关于熟人的故事,当这些人付不起水电费时,就会想办法偷水或偷电。"

当你想方设法有意识地放弃自己的一些特权时,就可以获得许多意想不到的见解。大家都知道,一个人在有过长时间断电的经历之后,就会对能够使用电力非常感激。同样,选择把自己置于一个空间,在这里,每个人的背景都不一样,但是因为你选择了与他们同甘共苦,所以你们更容易建立真正的关系。

你离自己的舒适区越远,这种经历就可能使你越痛苦。很不幸的是,绑架或暴力已成为一种普遍的威胁。通过国际援助工作者和记者们的一些报道,你能够清楚地看到这一点。然而,你不必离开美国才能经历这样的危险状况。马修继续说道:

"一天晚上,我正在街上走着,一名警察拦住了我。作为一个在黑人社区居住的白人,我显得有些格格不入。大多数闯入这个社区的白人都是为了购买毒品或进行性交易,我平生第一次发现自己符合罪犯的形象。当时我多么希望能对警察说,我能够与他进行互动,且一起聊一聊关于偏见、假设、资料搜集以及警察工作中存在的困难等话题。但面对警察这样一个有权逮捕我的权威人物,我心怀恐惧,最终还是放弃了自己原有的打算。更糟糕的是,我乖乖地出示了身份证,只回答了警察询问我的问题。

"尽管经常有警察巡逻,但这里每晚都有枪声响起。一天晚上,我把车开进离家几个街区远的加油站,注意到一名年轻的白人男子,他的车挂着南卡罗来纳的车牌,汽车引擎盖撑开着。我决定提醒他注意附近的情况,显然他不是本地人,因此应该保持警惕。他说,'哦,我在路上开车时目击了刚刚发生的枪击事件。'我转过身来,看着他所指的地方,那是100英尺(约30米)开外的加油站,就在这时,四辆闪着警灯和拉着警报的警车开了过去。

"还有一次,我在卧室听到了不同寻常的午间枪声。事情的起因是一枚流弹击中了一名无辜的旁观者。旁观者是一名小学生,当时正在放学回家的路上。我的邻居是名16岁的好学生,他最终上了大学,但当年上高中时,他无法步行穿越五个街区去位于当地的学校,因为这一地带随时可能会发生冲突和暴力事件。

"从地理位置上来讲,这里离我长大的房子只有短短的10英里(约16千米)。但从经验上讲,很难想象这里会有一个截然不同的环境。对于我们大多数人而言,这些消息听起来非常令人难过。但我可以告诉你,知道美国的一些城市深受枪支暴力的困扰是一回事,但是,当你听到附近有枪声时,不得不在自家的前廊里卧倒,或者接到一个电话,听到当地一所高中的学生还没毕业就被打死了的消息是另外一回事。一直生活在贫穷和暴力的环境之中会让你的心灵受到伤害,而且最近的神经学研究结果表明,这也会妨碍儿童的大脑发育。

"然而,相较于成年后在里士满生活的10年,这段在贫困社区居住的经历,让我与他人的关系变得更为紧密、更有意义。我曾受邀参加了超级碗(Super Bowl)派对、感恩节晚餐和后院露天烧烤。朋友纳特(Nate)教会了我修补和悬挂石膏板。我从一位邻居那里学会了园艺,并在街区的另一边建造了一个社区花园。我们与邻居们彼此帮助,大家相处得很融洽。

"我从中学到的一个实实在在的教训就是,如果没有钱去解决生活中的所有问题,那就得学会依赖别人——无论好与坏。我也从中体会到了贫穷的代价——无力负担房屋或汽车的日常维护费用,而且在某种程度上还不得不应对随之而来的代价高昂的灾难。还有朋友因付不起拿回驾照所需的罚款,从而无法在一个缺乏良好公共交通条件的城市里找到一份稳定的工作。这使得他更加难以支付罚款,并陷入了一个恶性循环。

"现在请回到我们之前发出的邀请——让自己走出舒适区,让自己成为少数群体成员。而我为此选择在里士满一个贫困社区的一所房子里住了一段时间。这种方式比较激进,并不一定适合所有人。然而,对我来说,这是一系列小步骤的高潮,可以与那些在生活上不同于我的人打交道。我从这次经历中学到的东西,可以写成好几本书。因为与贫困群体成员生活在一起,我对他们的许多偏见都慢慢地消除了。"

你跨出的每一小步都不必像马修所做的那样极端,但若真想知道特权究竟是怎样让你无视他人面对的现实的,你必须暂时把自身的特权放在一边,向前迈出一步,让自己走出舒适区,涉足一个未曾体验过的地方。

作为最后的说明和对前面问题的回答,即你是否可以真正放弃特权?答案当然是复杂的。与住在富裕的郊区相比,在枪支暴力泛滥的环境下,马修生活在不合标准的房子里所享有的特权是否要少得多?答案是肯定的。那他是否有关系和特权可以赚更多的钱,并可以随意离开这个社区?是的。当个人悲剧降临到他的生活中时,他就是那样做的。老实说,没有人能完全抹去自己的特权,你也不应该过多地去尝试。

无论拥有多少特权，我们所能做的，以及所有人都必须做的，就是寻求加深自己对那些在生活上不同于我们的人的同情和理解。我们必须利用自己所拥有的一切特权，努力创造一个让学生们不再能轻易地列出一长串被边缘化人群的世界。

行动呼吁IV：运用好你的特权

不要试图否认或忽视你的特权，而要好好地把它用在别人身上。

CHAPTER 5

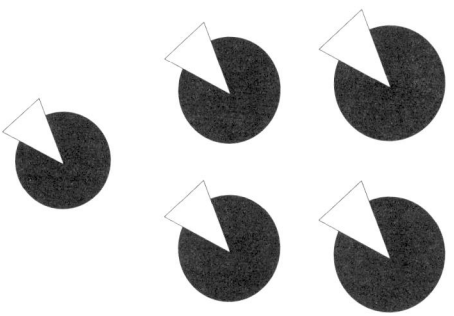

审视扩展

"审视扩展"（scan to expand）意味着要保持眼界开阔，寻找机会拓宽自己的文化视野。这正是尊重差异并建立真正的关系发挥作用的地方。第3章的内容是关于圈内人和圈外人的。如果不做任何努力，那么差异通常会完好无损地存在。审视扩展是指有意识地注意个体差异，并真正地挑战在它们之间建立沟通桥梁的极限。不过现在还不到不分你我（colorblind）、性别中立（gender neutral）的时候，因此不要把世界当作一个最后能让一切都变成一团黏黏的而且没有形状的填满灰色斑点的东西的大熔炉。

参加活动时，你会立即环顾四周，寻找熟悉的人，然后径直地走向他们吗？我们大多数人都会这样做。因为熟悉的东西会让人感到舒适。但我们的建议是你要有意识并积极地寻找机会，多接触新的人、新的想法和新的世界。

还记得接触理论吗？我们设计"审视扩展"就是为了回应它。因为它认为，对于那些我们怀有偏见的人，无论这种偏见是已知的还是未知的，我们如果能够经常与他们相处，就可以有效减少人际偏见。如果你选择参加了内隐联想测验，并了解了自己的一些潜在的偏见，那么应该仔细审视自己所处的环境，寻找与那些代表不同类别的人一起在小组环境中工作或娱乐的机会，这样也可以减少你的偏见。

比如，迈拉所负责的里士满领导力的组织，就提供了接触理论所建议的减少偏见的机会。LMR的参与者彼此合作了9个月，一起学习有关领导和社区工作的知识，最终这些参与者在一个可持续的社区项目的小团队中工作。每位参与者虽然都是某个领域的领导，但在这个项目中却没有等级划分。我们资助了一名20岁的年轻人，让他参加了2015年的活动。他与那些执行董事和首席执行官一起学习和工作。最重要的是，这些差异会被用来改善领导们对社区的服务。LMR班级的学员们涉及不同的种族、肤色、宗教、年龄、性别、性取向和社会经济地位。正是这种多样性和共同的目标，丰富了每个人的经验。

● **与想法不同的人建立真正的关系是克服偏见的关键。**

特权会让你对他人的经历视而不见，或者误解他人的经历、选择和观点。然而，值得庆幸的是，我们可以有意识地让自己的友谊和经历变得更加多元化，这样就可以突破这些障碍。你只要积极地去做就好。这本来就是一个多元的世界。即使你生活在一个看似同质的社区中,多样性本身涵盖的范围也比我们通常使用的受限定义更为广泛。拥有朋友,让你的圈子由不同的人组成,就是良好的开端。无论差异是怎么形成的,都是你的圈子需要的东西。

● 不要害怕让你的家人和朋友接触新的人和新的想法。

圈内人概念适用于任何层次的关系。相较于邻居(他们认为陌生人都很危险),你的核心家庭成员是圈内人。相较于相邻街区的街头帮派,同一个街区的帮派算是圈内人。文化、种族、政治或国家认同等因素,都可以根据你考虑问题的角度而成为划定圈内人或圈外人的标准。圈内人会给我们一种归属感和认同感,但正如历史一再向我们表明的那样,他们也可能会引起排斥和暴力行为。

在家庭环境中,重新调整家庭成员的结构通常是很有挑战性的。有多少次,我们会在策划家庭聚会时停下来,为邀请客人的名单发愁,或者想知道某些亲戚是否会让某个客人感到不舒服?

打破现状非常不容易。不幸的是,我们仅仅包容自身是不够的。我们不能坐以待毙,哀叹这个世界的现状,然后指望别人来帮忙解决这个问题。不要为你多元化的人际关系而感到羞耻。请你给家人和朋友一个机会,让他们体会一下你从不同于他们的人身上看到或学到的东西。如果我们每个人都能帮助他人扩展文化视野,让他们重新思考自己的偏见,那么我们对社会的影响将是巨大的。

● 好好地了解你的圈子,并把圈外人引进来,从而减少人际偏见。

工作场所是学习包容行为的绝佳场所。在这里你无须想太多。审视扩展解决方案将带你走出舒适区,随之而来的不适只是暂时的,因为人都很有适应力,一旦适应了新的现状,就不会感到不舒服了。任何管理者或监督者都有机会进行审视扩展。主管们若想创造一个具有包容性的工作环境,会有无数种方法。下面是几个例子:

1.通过分配具有不同技能、优势和背景的人员来创建一个多元化的团队,这意味着你必须熟悉别人的长处;

2.要寻求每位监管对象的意见,无论他们的组织级别或职位如何;

3.想方设法地把团队生成的所有或部分想法变为现实;

4.要能够识别出那些有独特贡献的员工。

如果在工作场所,你是一个个体贡献者,那么也可以做出具有包容性的决定,它可以帮助你扩展人际网络,加深文化理解,减少自己可能已经发现的任何人际关系偏见。以下是一些建议:

1.自愿加入多元化的团队和促进会;

2.当含有偏见的评论出现时,站起来,表明你是一个文化盟友;

3.寻求圈外同事的意见;

4.提出建议时要尊重圈外人的意见、经验和观点;

5.扩展与工作相关的圈子和下班后的圈子。

这些活动将有助于你建立融洽的职场人际关系,有助于拓展你的文化视野。高情商和较高的文化能力是一种领导技能,可以帮助你在工作中得到认可和提升。包容确实是一种双赢的做法。

●没有人生来就具有多样性和包容性,你完全可以选择有所作为。

关键是要保持眼界开阔,寻找机会拓宽文化视野。一旦你开始寻找机会,无论走到哪里,都会发现扩展自己团队的方法。

本书的作者从很小的时候就开始亲身体验圈内人的扩展。例如,蒂法尼长大后就会说多种语言。

"我的朋友和保姆都说西班牙语,所以我在学习英语之前就熟练掌握了这门语言。我对墨西哥人总是有一种亲人的感觉和归属感。因为从记事起,我就和他们有着亲密的私人关系。作为一名正规军(陆军)军官的孩子,我和父母周游世界,发现无论走到哪里,人们都是既相似又不同的。我小学上的是德语学校,于是学会了第三种语言——德语,我的'家庭'也扩展到了整个欧洲国家。我的朋友中有土耳其人、德国人、捷克人、法国人、西班牙人、越南人,包括穆斯林、天主教徒等。结交不同的人改变了我与他人接触和体验世界的方式。与非裔美国同龄人相比,我觉得自己属于更广泛的群体。这种感觉最终让我从事了有关多元化的工作。

"我早期的经历使我去寻求各种各样的友谊,并应对各种让人不舒服的情况。我逐渐开始享受做房间里唯一的黑人,或者唯一会说英语的人的情形。虽然这一开始会令人不安,但后来就变成了一场冒险。结交朋友,聆听他们的故事,与他们一起冒险,这样的友谊之旅让我的思想得到了拓展,让我在精神上得到了满足。"

马修选择扩大自己的社交圈子则是源自他成年后做出的深思熟虑的决定。

"我是通过就业这个机会扩大了自己的社交圈子的。在温哥华待了5年之后,我搬回了弗吉尼亚州里士满的家,积极寻找有意义的工作机会,让我能够运用我的技能,更好地发挥我对社会公正的热情。在这个过程中,我遇到了雷夫·布赖恩·布朗(Rev. Brian Brown),他是非裔美国卫理公会(African-American United Methodist)的一名牧师,正领导他的教会为种族和解而努力。他想让我做他的助手,在一个黑人教堂从事有关种族和解的工作。

"'不了,谢谢你。我期待的是比在教堂工作更能产生影响的工作。'我礼貌地拒绝了他的请求。尽管我满怀激情地认为我们需要在种族关系问题上取得进展,但曾发誓不在教堂工作。因为我是牧师的孩子,所以我对教会的工作不抱有任何幻想——很多人认为你只需要在周日早上工作一个小时,而实际情况却是经常要在深夜开很多的委员会会议,有时还得在幕后浪费好几个小时干吃力不讨好的工作。此外,我对自己的信仰尚存疑问。所以我无法确定,如果我没有弄清楚这一切的话,是否适合成为一名教会领袖。

"布朗牧师在认真聆听完我的反对意见后表示不赞成我的想法。他以最有益的方式鼓励我把这份工作当作人生旅程的一部分,而不是目的地。最重要的是,他鼓励我把这份工作看作是扩展社交圈的宝贵机会。

"所以,我最终选择了在这个非裔美国人的教堂工作,主持礼拜、传道,偶尔弹一下钢琴。我通常是房间里唯一的白人。这段经历让我脱胎换骨。我无法告诉你们,我曾有多少次因为不适应环境而感到不舒服,说不出话来,怀疑自己的经历是否有意义或值得分享。但我的确也经常感到被他人接受、关爱、欢迎。虽然我现在已经不在那个教堂工作了,但仍然把它的许多成员视为朋友。无论是通过面对面的交谈,还是脸书上的帖子,抑或是仅在同一个教堂里待了4年,我抓住了这个机会努力扩展了自己的社交圈子,人际交往的丰富程度成倍增长,即使这个过程对我来说并不舒服。"

我们的朋友道格·布朗也有类似的想法,他以一种独特而深刻的方式扩展了自己的社交圈子。

"我与那些与我不同的人接触,是通过我与孩子们的关系进行的。2009年,我从秘鲁领养了三个女儿。此时此刻,我们是一家人,感情深厚,说着英语,偶尔还夹杂着一点西班牙语。2017年夏天,我们参加了史密森尼秘鲁艺术节(Smithsonian Peruvian Festival)。白天,我们在摊位之间闲转,领略当地的文化,品尝秘鲁美食。我很高兴我们留下来听了一场晚间音乐会,因为正是在那个时候,白天好奇的非秘鲁人会让位于晚上几乎完全由秘鲁裔美国人组成的人群。

"在那儿,周围都是秘鲁血统的人,大家沉浸在埃娃·艾利翁(Eva Ayllon)的秘鲁交叉节奏中,我的蓝眼睛一定是人群中唯一的一双。当时,我感受到的并不是自己格格不入,而是我的孩子们找到了自己祖国和同胞的那种解脱感——这种东西不仅仅是学校为了迎合墨西哥人而设置的西班牙语课,或者是提供一两道秘鲁菜,或者是开一家德墨风味菜肴的餐馆,或者是教授已传到秘鲁的古巴舞蹈课。我发现,在美国,如果收养的孩子来自代表性文化较少的国家,那么养育他们意味着我们得通过多种一次性的、足够亲密的方式将他们与自己的文化联系在一起。那天晚上我们的活动正中文化靶心,所以我们感觉非常棒。

"跨国收养是一个复杂的决定,我到现在都不确定当时是如何做到的。在我身上,有一个很现实的问题就是,我一直在犹豫到底是收养孤儿还是自己生孩子。孩子的种族只是一对潜在的养父母必须做出的众多决定之一。在很多方面,领养之路的第一个岔路口是关于种族的:我想收养一个白人孩子还是一个非白人孩子?但无论是我,还是孩子的妈妈,都没有强烈地想要收养和我们同种族的孩子的意愿,所以我们觉得没有必要收养白人孩子。秘鲁的领养工程在我们看来很不错,这样的决定是经过我们深思熟虑的,也是合乎逻辑的,他们的孤儿院在照顾孩子方面享有良好的声誉。我们认为,在一个新的国家里生活,参与兄弟姐妹团体是保持文化联系最为明智的一种方式。现在回过头去看,跨国收养的不公平性在当时并不像现在这样明显。可以说,这是一种未经本人允许的移民,理解这一点有助于我集中精力帮助我的女儿们与她们的文化保持联系。"

道格决定继续寻找机会,让他的女儿们接触自己国家的民族文化,这种方法可以让她们享受其祖辈与生俱来的权利。在此过程中,他扩展了自己的圈子,并减少了自己没有意识到的偏见。

"在秘鲁,当你的孩子根本不用担心饮水、食物以及如何填饱肚子这些必要的事情时,所有涉及这些事情的紧张不安都会让人感觉有点可笑。当初收养她们时,我和她们一起在秘鲁生活了五个星期。在这期间,我意识到我对秘鲁文化中的许多内容很陌生,我的孩子们却很熟悉。所以我意识到,当孩子们来到美国时,让她们记住这种别样的感觉是多么重要。"

另一位朋友希瑟·克里普(Heather Crislip)选择了一种不同的方式来开阔视野,而不是待在自己的舒适区。为了增强在世界上的影响力,加深对文化问题的理解,她做出了一个能够改变一生的职业选择。

"大学毕业后,我可以选择去银行或纽黑文的福利救济部门工作（New Haven's Welfare Department）。但我放弃了，最终选择了离开我的舒适区，从事公共服务事业。因为福利救济部门有能力帮城市的弱势群体做出改变。这深深地吸引了我。纽黑文是美国一些受人尊敬的机构的所在地，但我从未见过像我工作的希尔社区那样的长期处于贫困和种族隔离的社区，那里几乎全是非裔美国人，贫困率超过50%。

"我们经常用《双城记》（*A Tale of Two Cities*）来形容我们的工作，并在国家精英的阴影下为我们的客户提供帮助。这既让人心酸又让人失望。我深爱着这座城市，意识到仅仅靠反对或不赞成现状是不足以改变种族主义的。我与那些没有选择的人一起工作，通过他们的眼睛来看我们的社区，从中能获得不同的观点，这些观点将一直伴随着我。

"以我对贫困社区的了解，以及这些社区居民有限的选择，让我有幸当选为这个少数族裔占多数（majority-minority）的城市的市长。我们的团队致力于维持社会正义，提倡将公平的住房政策和公平的租金作为重要工具，为边缘化社区创造机会。在我离开纽黑文的前一年，我与市政府合作，花了好几个月的时间，更新了公平住房的障碍分析（Fair Housing

Analysis of Impediments)。我们建议改善教育、扩大服务范围、实施公平住房法;改善与住房问题有关的各部门和机构之间的协调与执法工作,促进包括房东和租户在内的市民的公平住房选择;扩大各类住房的供应,使人们更容易获得公平住房的机会。

"这项工作帮助我真正把重点放在公平住房和住房选择上,并让我将其作为解决贫困循环问题的一个关键环节。在纽黑文工作6年的经历告诉我,社区并不像它们表面上看起来的那样,贫困的循环紧紧围绕着住房和你所居住的地方。它可以增加人们的期望和创造机会,影响一个人生活的方方面面。"

玛丽安娜·弗米尔(Marianne Vermeer)是一位负责国际工作的创业型高管。她的工作和生活都需要她与来自世界各地的人打交道。她尽自己所能,努力寻求机会做到审视扩展。她的家人也把自己的家变成了一个温馨的场所,几乎来自各个地方的人都能在这里受到欢迎。他们曾招待过来自不同民族、拥有不同宗教信仰和政治立场的人,还曾招待过来美国学习或做研究的年轻人,为这些人提供了一个美国式的家庭。他们还合法地从中国收养了一个儿子,所以在他们的家庭生活中,来自不同文化和成长环境的被收养者继承了他们的家庭传统。

玛丽安娜这样描述自己:

"我生长在一个结构非常单一的家庭,所有人都是荷兰人。大家都说着荷兰语,吃着荷兰的食物,为自己是荷兰人而感到自豪。在我上幼儿园的时候,我家搬到了内布拉斯加州西部,突然之间我们的生活就有了很多不同——周围没有多少荷兰人。虽然我自认为自己会说一口流利的英语,但很快就发现我的词汇中穿插着很多荷兰语,人们听不懂我说的话。这是我生平第一次体验到不同的感觉。

"但我迅速地适应了这样的生活环境。很快我就学会了哪些单词只能在家里使用,哪些单词可以在其他地方使用。不过,这只是一个小镇,我知道外面还有更大的世界等着我去发现。我迫不及待地想要离开那里。因为我童年的世界主要是由白人组成的,只有少数几个拉美裔住在铁轨的另一边。16岁时,我想申请加入和平队,但有人告诉我,必须先完成高中学业。我的父母也说服我,只有当我拥有大学学位后才会对世界更有价值,所以在大学里,我花了两个暑假的时间在跨文化的环境中实习,以此检验我的能力。第一个暑假我去了阿拉斯加东南部的土著阿拉斯加村落和伐木营地,第二个暑假我选择了待在肯塔基州东南部的阿巴拉契亚(Appalachian)山脉地区。

"我之所以去做这些暑期体验,是为了确保有一天,自己能够适应一个陌生的环境,并茁壮成长。我没有参加大学的毕业典礼,而是立即前往埃及,在一所埃及女子学校教了2年的英语。同时,我也在学习阿拉伯语。我走遍了整个埃及,抓住一切机会去探索普通埃及人的生活。在埃及南部的一个村子里,我度过了一个夏天,那里没有人说英语(我的意思是那里没有一个人会说英语)。周末,我和朋友们一起去沙漠中的科普特正教会(Coptic Orthodox)修道院教僧侣们英语。我还在与以色列接壤的西奈半岛教了1个月的英语。在那里,中东的紧张局势显而易见,但我爱上了这种生活。我无法确定自己是否想回美国,但家人的担忧促使我回来了。我对埃及的一切都保持着喜爱。我学会了在跨文化的环境中很好地工作,与陌生人交朋友,学习新语言,还能很好地保留我作为荷兰裔美国人的身份。"

你通常会多久停下来审视一下自己生活的多样性和包容性

呢？在与朋友、家人和同事交谈的过程中，你们是否会谈及文化扩张？即使你们真的有谈论到这个话题，也要尝试下面的练习，它们往往会让人大开眼界。

练习7：多样性清单

找出你最信任的五位朋友，列出他们的种族、性别、宗教信仰、性取向、社会经济地位、职业和性格类型（外向、内向等）。

1. 他们和你有什么相似之处？

2. 他们和你有什么不同之处？

3. 你还注意到了什么？

有些人觉得这项练习很具有挑战性，而另一些人则觉得这很容易。这项练习没有标准答案。它只是一个工具，可以让你认识到自己在生活中都选择了与哪些人交往。没有必要对朋友设置各种条条框框，但如果你从未停下来思考自己社交网络的组成情况，未来的圈子就可能会一成不变。这也许不是一件坏事，但是如果你想要一个更加多样化的社交网络，首先要做的就是清楚你的起点。

●**你的圈子并不仅仅限于人。**

也许你没有机会结交新朋友。那没关系，你仍然可以通过审视扩展来克服偏见。你需要的是一个文化清单。

 练习8：文化清单

1. 列出你最近读过的三本书；

2. 列出你最近看过的三部电影；

3. 列出你看的一些电视节目；

4. 列出你最喜欢的音乐艺术家。

对于每一个类别，尽可能地列出音乐家、作家和（或）主要人物的种族、性别、宗教信仰和性取向。然后将其进行对比：

1. 他们和你有什么相似之处？

2. 他们和你有什么不同之处？

3. 你还注意到了什么？

尼日利亚的作家奇玛曼达·阿迪奇埃（Chimamanda Adichie）做过一场精彩的TED演讲，其名为"单一故事的危险性"（The Danger of a Single Story）。在这里我们强烈推荐它，有时还会在培训中播放它。她在演讲中提到，我们所能听到的以及没有听到的故事是如何深刻地影响我们理解他人的方式的。作为一个非洲人，她向人们讲述了她的亲身经历：人们一定认为她很穷，而且与大家有所不同，并对于她也喜欢玛丽亚·凯莉（Mariah Carey）这点感到不可思议。这一令人惊讶的现象源于我们对非洲大陆多样性的长期的单一认知——正如她所说的，我们听到的那些非洲的故事，大多是关于美丽的风景以及饱受战争蹂躏的贫困而又难以理解的人民。而我们几乎听不到关于小微企业家、作家或致力于维护社会公平正义的活跃分子的故事。这些最终让我们以一种简单化的眼光来看待非洲人。她鼓励我们，通过审视扩展阅读清单，关注自己看的电影里谁是明星、谁是编剧，来丰富我们的人生经历。在不用认识新朋友的情况下也可以扩大自己的圈子。

若想从简单地控制偏见做到战胜它并最终征服它，那你一生都需要认真努力。还记得前面的阑尾综合征吗？你不能像简单地读完一本托尼·莫里森（Toni Morrison）的小说就把它从你的清单上划掉，然后继续读其他的小说那样。你要像打扫卫生一样，必须不断地、有意识地选择扩展自己的社交圈子。

就有意识的选择如何帮助人们尊重差异并建立真正的关系，玛丽安娜在下文中分享了她的见解。

"当我们决定去巴基斯坦时，就会有意识地告诉自己，要爱上那个国家的人民并按照这个想法去做。在巴基斯坦的第1年，我们每周五晚上都会邀请一些人来家里吃饭，请他们说一说对各自的家庭、宗教以及国家未来的看法。这是一个安全的地方——我们承诺不会把这些信息泄露出去，只是想要尽可能多地去了解和学习。如果有人邀请我们去他家，那么我们也会尽一切努力赴约。我们爱那些人——现在仍然是。所以我的建议是，就你想要建立的这些关系做出决定，并让它们发挥作用。但请记住一定要保持真诚。

"无论一个人的受教育程度如何或说什么样的语言，一旦他不真诚，人们就能识别出来。要意识到，在这段关系中，他对自己的要求可能要比对别人的更多，但当别人感受到他这个人的真诚，并对他和他的生活感兴趣时，友谊就会变成一条双向交流的通道。这可能需要花一些时间。请多阅读一些来自他们的文化、国家或团体的报纸或博客，看一些关于他们的团体、文化、国家和宗教历史的书籍或网站——无论这些书籍或网站是如何定义他们的。但这也很脆弱，要意识到这种想法并不容易——人与人之间有完美无瑕的关系吗？人们并不总是能够做到豁然开朗——但那没关系，要不断进行尝试。我向你保证，这个世界上有很多人想要建立起友谊和相互支持的关系。有他们做朋友，你的生活会更加丰富精彩。"

特别要提醒各位父母的是：只有当你和孩子们进行这些对话，并教他们有关包容的技能时，他们才会具备处理文化问题的能力，尽量做到不偏不倚。偏见是人类的默认状态。我们无法告诉你经常会有很多忧心忡忡的父母来问我们，为何他们是为社会正义而奋斗的伟大父母，而自己的孩子在处理文化问题时会变得如此迟钝。这是因为他们在家庭中不讨论种族主义、性别歧视、同性恋恐惧症和其他偏见。如果你经常出国旅行，身体里没有仇外的基因，那也并不意味着你的孩子会从你身上继承到这些东西。玛丽安娜带着她的孩子们去了海外，以确保他们能够理解她的国际化和包容性视野的重要性。

"在美国工作和生活了近20年之后,我想回到海外,这样我的孩子们就可以体验另一种文化,学习当地的语言,并挑战他们的世界观。几经波折后,在2005年,我们几乎卖掉了家里所有的东西,每个人都带着两箱行李,共携六箱行李和一只长号搬到了巴基斯坦的拉合尔,在那里住了3年。我们的目标是在政府当权30年后帮助拉哈尔人民重建一所基督教学院。这种文化冲击深刻而真实,挑战也很艰巨。但我们干得不错。我们把巴基斯坦当成了第二故乡,并与在那里结交的许多朋友保持着联系。从那时起,我的工作重点就集中在了把我的商业技能带给那些想要成长,并产生影响的组织。这让我回到了南亚、东非,以及美国各地的组织工作。在这些地方我做过员工、顾问、首席执行官和企业家。

"当然,并不是每个人都具备把孩子带到海外生活的条件,但我们可以做出选择,帮助他们更全面地看待世界。比如,可以与他们一起讨论世界舞台上正在发生的事情。在孩子们的思维还比较灵活的时候,尽早询问他们对挑战性话题的看法。如果你不亲自去做那些艰难且通常让人感到不舒服但可以更好地塑造孩子的视野的工作,那么世界上会有其他人替你做。面对那些不知道、不理解、不认识这些事情的青少年，人们与他们之间的关系就是以这样的方式结束的。

"如果你对我们的育儿观念存有疑问，那么不妨了解一下我们养育的三个孩子，他们每个人都具有社会正义感。到目前为止，他们都没有制造过麻烦，一直是优等生，让同龄人的父母羡慕不已。身为父母，我们在很多方面做得并不好，但我们没有教他们我们自己认为的重要的东西。他们可以自由地在自己的成长过程中形成自己的成人观，但当我们把他们放到野外陌生的环境中时，知道他们能够知晓我们的价值观和信仰。我们知道他们已经深受其影响，因为上大学的大儿子花了许多时间和精力在城市里辅导孩子和教授编程。二女儿开发了她自己的"自我照顾和全球意识"的课程并在一个收容所里教授孩子们这一课程。她还成立了一个学校俱乐部，俱乐部成员们在城市的街道上寻找无家可归的人，坐在那里与他们一起聊天。最小的孩子虽然只有8岁（2017年），但她知道世界上存在许多不平等的现象，我们希望她能像她的兄弟姐妹那样表现优异。"

行动呼吁 V：结交新朋友

大胆走出去，去寻找新的经历、新的挑战和新的朋友。

CHAPTER

6

不要假设而要询问

假设是可以破坏人际关系的偏见。你还记得之前有人曾对你做过的不正确的假设吗？它是很有趣还是很伤人呢？

我们都知道孩子们会说："不要老是假设，假设会让你和我变成蠢驴。"当然，这很可笑。但就像在幼儿园学到的许多经验和教训一样，它确实很有用。人们通常不喜欢被归类，也不喜欢被人贴上标签或被认为是非常单一的人。人是复杂的，做人不易。你所在的群体越是被边缘化，越不为大众所熟知，你就越难以驾驭其他人的假设。不要泛泛地认为假设没有害处——你要明白它们实际上是一种偏见。

蒂法尼回忆起自己的教育经历中伴随她的一系列假设。

"在众多的白人学生中，我常常是唯一的黑人学生。自己是少数派的这种身份无处不在，对我来说已成为一种常态。实际上，我之前一点都不介意，直到上了有关奴隶制或黑人历史的课，每个人都会看着我，假设我是某方面的种族专家，可我还是个孩子。也许他们是在观察我的反应——谁知道呢？接下来有人会问我一些关于黑人的问题，但是我不喜欢被人当场提问，貌似黑人就是我唯一的身份。接着，不可避免地又来了一个黑人学生。如果他是个男孩，每个人就都假设我会与他约会。或者至少他们认为我应该和他约会——因为我们两个都是黑人。"

　　社会就是这样炮制了刻板印象并不断强化它。做出这些假设的孩子可能并没有和他们的父母就种族问题进行过公开的对话。如果他们这样做了，那么他们的父母会告诉他们，每个人都应该忠于自己的同类吗？虽然有些父母会这么说，但并不是所有的父母都会这么说。如果父母不跟孩子谈论这些差异，孩子们就会受到社会成见的影响，这种影响会一直如影随形。

　　"对我来说，迄今为止最糟糕的假设是老师们经常做出的一些假设。作为一名军官的女儿，我经常搬家。再重申一次，我其实并不介意我是一个专业的'新人'。这是一段奇特的经历。令我恼火的是，几乎所有的新老师都会假设我的表现一定很差。假如他们是这么想的，也不会直接告诉我。当有人对你的评价是你不如别人时，你会说出来吗？那我是怎么知道的呢？最明显的暗示是，我一开始会被放在补习小组，或者被以某种令人反感的方式特殊照顾。当我证明了自己即使不是全年级表现最好的学生，也是班上表现最好的学生时，老师们通常会表现出明显的震惊和怀疑态度。肯定会有人在班上名列前茅，为什么当这个人是我时他们会如此大惊小怪呢？"

蒂法尼能够意识到这些公然的不公平行为以及毫无根据的假设，但这并不总是那么容易的。"归因模糊性"（attributional ambiguity）指的是这样一个概念：很难确定为什么坏事会发生在自己身上。这种经历尤其困扰着少数群体和边缘群体成员。大体上来说，这意味着如果你属于边缘群体，就永远无法知道某件事发生在自己身上，究竟是因为自己是这个群体的一员，还是它只是随机发生的。这才是人们内心深处焦虑的根源。想想黑人驾车时被警察无故拦下的现象吧。许多非裔美国人和有色人种都会告诉你，他们被拦下仅仅因为他们是少数族裔。数据也支持这一结论。但被拦下是否可能是因为加速、尾灯异常、标签过期等违章现象呢？如果你属于少数群体，糟糕的事情刚好发生在你身上，有时这确实仅仅是因为不好的事情发生了。有时这或许是因为人类错综复杂的历史，有时却是因为偏见。

● 学会询问而不是假设，是克服偏见的关键技能。

我们的假设会让自己陷入各种各样的麻烦。永远不要去假设你了解或理解别人的性格或经历，即使你经历的事情与之非常相似，或者你所认识的人中有人有着类似的经历。个人体验是非常个性化的，本质上是独一无二的，因此当你自认为知道他们是谁却从不询问他们的经历时，他们就会表现得非常生气。

我们的朋友玛丽安娜分享了一个很好的例子，这个例子说明了当我们用假设来限制自己的观点时会发生什么事情。

"在艾奥瓦州和密歇根州等地（在过去的一个世纪里，有大量荷兰移民迁徙到这里）的汽车保险杠都贴有这样的贴纸：'如果你不是荷兰人，那就没什么了不起。'这让我想起了荷兰人有一种优越感。他们把国家管理得很好，以努力工作，节俭而又公平的管理风格以及相信自己能养活自己而感到自豪。他们都认为，那些找不到工作以维持生活的人，或者不知道何为加尔文主义职业道德的人也许在一段时间内应该得到施舍，但是这些人真的需要行动起来，自己养活自己。在机会少得多、工作方式也不同的文化环境中的生活和工作经历让我深刻地认识到，我的假设除了在资源丰富的美国中西部成立外，在其他地方并不总是能站得住脚的。作为一名大学生，我来到阿拉斯加的乡村，与当地的美国土著居民一起生活，他们的文化和生活方式可以追溯到好几个世纪之前，这段经历让我学会要少用'荷兰眼光'去看待世界。通过了解埃及人的生活，我意识到，并非所有人出生的环境都能提供平等的机会。有的埃及人由于缺乏教育或患有身体疾病,每天只能靠几分钱维持生存。看到这些新朋友生活得如此卑微,于是我决定再也不贴那种保险杠贴纸了。"

回避假设的一个最佳方法就是培养一项基本技能——好奇心。当有人告诉你,他们经历了种族歧视时,你会有何反应?你的本能反应(gut-level reaction)是什么?会说"我肯定这并不是种族歧视。约瑟夫不是那样的人,他是个好人"或者"真的吗?这很可怕,如果你想聊一聊,那我随时恭候"吗?培养好奇心对于人们打开心扉、培养同理心和与他人建立关系大有裨益。在人际互动中,如果你满脑子想的都是要评价别人的经验和不足,那么彼此互动的大门就会关闭,隔阂由此产生。所以要注意他人在说什么时,自己会有何种反应。一旦你的观点与他人的产生分歧,先假设对方是对的,然后问一问他们的经历和观点。你不一定非得与他们成为朋友,但是要放慢争论的节奏,不要急于下结论,这对你大有帮助。

贝弗利·塔特姆(Beverly Tatum)在她的优秀著作《为什么餐厅里的黑人孩子都坐在一起?》(*Why Are All the Black Kids Together In the Cafeteria*)中谈到了人与人之间的这种相互作用是

如何影响孩子的。小孩子们会跨越所有的种族和文化差异,很自然地在一起玩耍。他们虽然注意到了玩伴们的差异,但大多数情况下,并没有赋予这些差异任何意义,很快他们就上了初中和高中。黑人新生赛思和白人新生吉姆(Jim)是多年的朋友。他们从幼儿园开始就在一起玩耍,经常一起过夜,一起参加田径比赛和乐队表演。在本学年初,英语老师莫里斯夫人(Mrs. Morris)要求学生们大声地朗读狄更斯的小说《远大前程》(*Great Expectations*)中的段落。赛思朗诵完后,她点评道:"做得好!赛思。你口齿清楚,吐字清晰!"

赛思当时很吃惊,吃午饭的时候他问吉姆:"你刚听到莫里斯夫人说的话了吗?我认为她完全是种族歧视!"

在那一刻,吉姆有两个选择:去询问,不要假设;或者相反,做假设,不要询问。

塔特姆博士在她的书中指出,大多数年轻人和成年人都会选择第二条路。它可能会使人这样说:

"莫里斯夫人肯定不是种族主义者!她人真的很好,对我也一直很好。我想你或许误解了她说的话。"或许他还会补充道,

"别这么多愁善感,她只是在表扬你。"吉姆的假设源自他的个人经历——莫里斯夫人一直对他很好——这意味着赛思的说法是站不住脚且错误的。然而,作为一个年幼的白人男子,吉姆还没有和他的家人就如何在美国处理种族问题展开过讨论,因为他是白人,所以从来没有像年轻黑人男性那样接受过这样的"谈话",餐桌上也不太可能围绕如何在一个认为黑人没有能力且充满偏见的社会中生存的话题展开讨论。

另一方面,赛思从小在一个非裔美国人的家庭长大,其父母小时候都参加过民权运动。他们对南方大规模反对种族隔离的历史记忆犹新。因此,他们经常教导自己的孩子们对别人对待自己的态度以及对那些仅凭他们的肤色就低估他们的才智或天赋的人,要时刻保持警惕。

因此,由于个人经历的不同和看待世界的角度的迥异,一段简短的陈述就导致了朋友之间的裂痕。

与此同时,赛思向他的黑人朋友们分享了自己的经历,他们在倾听时充满了同情。他们不会假设赛思是错误的,所以也就能够很好地询问塞思具体的情况。吉姆假设自己是对的,而赛思是错误的,这一小小的举动导致了一个小小的裂痕,最终演变成黑人和白人孩子们在自助餐厅里分裂成两个阵营，各自阵营的人都会彼此分享自己相似的经历，听众们也能感同身受并更好地接话。

但事情不一定非得演变成这样。

吉姆本来可以说："伙计，这确实很糟糕。"或者无论赛思说什么都表示同情地说道："老实说，我真没搞清楚是怎么回事，请你向我解释清楚。"通过让赛思解释他的经历，而不是假设自己已经理解了，吉姆与赛思之间才能够架起一座沟通的桥梁。这并不是基于两人拥有共同的经历，而是基于在他人受到伤害时能够予以支持的这种共同的人性。询问和终止假设有助于人与人之间建立联系，而假设和品头论足则会让人与人渐行渐远。

我们的朋友安德烈亚斯·艾迪生（Andreas Addison）就别人对他的假设有着有趣的感悟，这些假设使他在弗吉尼亚州里士满的扶贫工作变得比客观需要的更为困难。作为一个在市政厅工作的白人，人们对他的假设既不真实也无益处。

"作为在弗吉尼亚州里士满市政厅工作的一分子，我致力于'市民创新'，把工作重点放在引入最佳的实践方法和最新的思维方式上面，以便推动城市更好地运转，政府更好地与人民合作并为人民服务。

"我的第一个计划就是要界定：里士满的贫困人口都有哪些？观察里士满贫困人口的种族构成真的很有趣，因为他们之中的大多数人都是非裔美国人，所以仅在搞清楚这件事情上，我就得面对许多人，他们的腔调中含有种族主义倾向。这些贫困的人认为，因为他们是非裔美国人，所以知道什么是贫穷；因为身为黑人，所以任何涉及穷人的事情都与他们有关联，他们认为自己在这些事情上最有发言权。我记得自己经常面临这样的争议：在那里，我不配谈论贫穷，因为我不是黑人。我觉得这让我名誉扫地。

"这成了我为自己辩护的一个理由——我也成长于贫困之家。我在弗吉尼亚州一个非常偏远的地区长大，跟着父母靠食品救济券生活了一段时间，后来我的父亲失业了，家里每个月都在努力地维持生计。所以，我非常理解贫穷的挣扎和挑战，当然那是在农村。我不知道城市里的贫穷和身为非裔美国人是什么感觉，但的确知道贫穷的滋味。虽然我无法确认造成进一步分离的种族因素，但这并不意味着感受不到它，或者不想知道这是如何形成的。我觉得这正是里士满所展示给我的东西。

"我永远无法理解身处贫困的黑人是何感觉,这是必须接受的一件事情。我的经历虽然仅代表我个人,但是我也不赞同仅仅因为你是非裔美国人,就知道如何帮助那些穷人的观点。我发现,在'我的外表像谁'和'我的内心是谁'之间存在着一场斗争。我必须摆脱我的过去、我的父母、我的出身,但也因为我的外表,人们会自动选择把我晾在一边。

"2016年,我与美国代码(Code for America)和里士满健康部门一起合作了一个医疗保健项目。当我走进克瑞顿公寓(Creighton Court)的社区资源中心,与人进行交谈时,最酷的事情莫过于我知道自己要穿便装,要平易近人,且必须主动开口对他们说:'我不知道你在处理什么,但想学习,因为我想搭把手'。他们听完后会回应我,我能够听懂他们的话并予以认可。连续8个月,我每个月都会坚持回来一次,以表明我会长期地坚持下去的态度。我认为通过这种方式,自己能够充分地接触他们。我发现居住在公寓里的许多人都对此表示欢迎。"

在一个组织的环境中,询问的方法可以用来指导人们并帮助他们促进职业和个人的成长。告诉人们该做什么,以及假设他们可能会想什么,这二者都是要避免的陷阱。因为一个自称无所不知的权威人物,很容易引起人们的怨恨。多问一些开放式的、不带评判性的问题,可以让人们找到自己的解决方案并进行批判性思考。高管教练、教师和咨询师都喜欢利用这一技巧,来帮助人们摆脱防御心理并承认他人的价值。

需要避免的	需要尝试的
附带建议的问题: "你不觉得这是一个好主意吗?"(潜台词是:遵循我的建议!) "或许你应该……"(潜台词是:你应该!) "放松一下,不要把情况想得那么严重。"	引导参与者自己解决问题: "对于这种情况,你能想到什么解决办法呢?" "你以前遇到过这种情况吗?当时是怎样处理的?"
含有价值评价的问题: "在这种情况下,你会尽你所能保持善良吗?"(潜台词是:你还不够善良!) "你的父母会怎样看待你的行为?"(潜台词是:你的父母不会同意!) "这个主意好吗?"(潜台词是:这个主意不好!)	认可他人的经验和观点。请他们考虑不同的观点: "我知道这种情况对你来说有些困难。你能告诉我有关这件事的更多情况吗?"

含有判断的问题:	让人们描述他们的感受和理由:
"也许真正的原因是你很生气,因为……?"	"我感觉你对这个问题的感受很强烈。你能告诉我你现在的感受吗?"
"你感到不安全是因为你……?"	"你好像生气了?这是真的吗?"
	"这种情况会让你产生怎样的情绪呢?"

蒂法尼一直在与这个概念做斗争,直到她获得了高管培训证书。

"我是一个喜欢解决问题的人,想找到问题的根源并解决它。不幸的是,在与人打交道的过程中,我们不能假设每个人都希望自己的问题能够得到解决。我花了很长一段时间才领悟到,有些人只是想要得到倾听、得到支持,有时甚至还想得到安慰。我过去常常认为,如果有人把他们的问题分享给我,是为了间接地寻求建议,因为确实有很多人来找我寻求建议,但我必须弄清楚征求建议和只是想找人倾诉这二者之间的区别。成为一名合格的专业教练是很有挑战性的,因为我不得不放弃长期以来对人类动机的假设。根据以往的印象,高管教练和顾问们通常会向别人提出建议。现在我明白了,我们得让客户自己寻找解决方案。我们可以让他们对自己的既定目标负责,表达我们对他们的看法,并庆祝他们的胜利。我们不能做的就是告诉他们应该做什么或怎么做——无论解决方案看起来多么明显,或者情况多么诱人。教练们必须让开，让客户自己来做这项工作。"

我们有幸遇到了两位杰出的研究人员，他们研发了一种工具，可以帮助你理解为什么询问很重要，并让你更轻松地提出询问。"（不要）猜我的种族"是由互动多样性解决方案的联合创始人迈克尔·巴兰（Michael Baran）和迈克尔·汉德尔曼（Michael Handelman）创建的。迈克尔·巴兰博士是一位人类文化学家，致力于研究关于种族和多样性的问题已经有20多年了。他曾在哈佛大学（Harvard University）和密歇根大学（University of Michigan）教授这些课程，并就种族的相关问题为企业和学校提供咨询服务。迈克尔·汉德尔曼在过去的14年里一直专注于教育互动式多媒体的研发。他设计和生产了一百多种产品，总销量超过5000万台。其中几款产品获得了"年度教育玩具""儿童科技评论全明星奖""家长选择金章"等奖项。

这个项目非常有效，因为它是建立在社会科学研究的基础之上的，这些科学研究成果减少了隐性偏见，同时加深了人们对文化的理解和同理心。我们用它来积极地否定刻板印象，正如在第2章接触理论的第四个条件中提到的。

 **练习9：质疑你的假设**

请访问tmiconsultinginc.com，进入http://www.tmiconsultinginc.com，点击在线学习选项，观看"（不要）猜我的种族"免费演示。使用该项目的效果包括：

1. 改善工作关系；

2. 激发对困难问题富有成效的讨论；

3. 培养对多样性问题的批判性思维；

4. 提高对构建身份文化的洞察力。

多询问，不要假设。这个概念看起来很简单，但在实际生活中做起来却很难。通过练习，这一基本技能可以阻止偏见的产生——甚至不让你的偏见从一开始就被说出来。通过精心设计的问题，对他人的经历表现出真诚的兴趣，你就能很好地与他人建立真正的关系。

行动呼吁Ⅵ：质疑自己

要质疑你的信仰和观点。你为什么相信你所做的事？花点时间把假设和事实区分开来，找出自己假设的根源。

CHAPTER 7

不要评判而要倾听

询问之后该怎么做呢？你要倾听。倾听，听起来很简单，但当你与那些想法不同的人或者可能与你发生冲突的人进行交流时，它是一项必不可少但又极难掌握的技能。研究结果一再表明，大多数人都不善于倾听，至少在回忆他人说过的话时是这样的。一项开创性的研究结果表明，我们大多数人只能记住所听到内容的25%左右。[1]

感同身受地去倾听，能够有效帮助我们不再去假设他人的经历和观点。我们一生都在试图为自己的每一个观点进行辩护，一旦有人分享了挑战我们的世界观的故事，大多数人都会停止倾听，开始为自己的观点进行辩护。

可以想象一个世界，在那里每个人都可以自由地按照自己的方式生活，而不会对别人造成伤害。如果你停止评判行为的时间足够长，并真正深入地去了解一个人，而不是停留在自己对他们的想象上，你就可以成为这个世界的一部分。

下面是马修的经历：

"21世纪初，我还在神学院读书，那时主流的基督教派都在争论，是否应该祝福同性婚姻，或者允许男女同性恋者担任牧师。学校里的大多数学生和教师都属于神学谱系的保守派。所以，当一位男校友从基督教的角度写了一篇捍卫同性婚姻的文章并将其发表在校报后，师生们都感到非常惊讶。很多人感到很不爽，觉得自己意识形态上类似泡沫一样的'安全空间'遭到了侵犯。其他人则开启了辩论模式，开始为捍卫自己的立场，攻击对方。

"我做了一个与众不同的决定，给作者发了一封电子邮件，约他一起共进午餐。这篇文章的作者史蒂夫（Steve）告诉我，我是唯一一个想了解更多信息的人。其他人，至少包括一名教员，只是为了质疑他所说的话才选择与他沟通。

"不要误会我的意思——我也喜欢辩论。当时，在同性恋者、双性恋者和变性者是否应该被纳入教会的问题上，我自认为是态度保守的。但我也意识到，这是一个很好的机会，可以不加评判地去倾听一种我在日常生活中从未听到过的不同的声音。

"因此，在用餐期间，我认真倾听了史蒂夫调和自己的信仰和性取向的经历。我向他问了一些问题，寻求更深入的了解，而不是评判。我还接受了他的邀请，与一个名为"正直"（Integrity）的团体一起参加了教堂礼拜，该团体主要是由加拿大圣公会内部对同性恋者、双性恋者和变性者表示出友好的人士组成的。最终，我的圈子得以扩大，把从小被教导要远离的那些人纳入了进来。"

我们所确立的物以类聚的原则，给我们自身带来了巨大的挑战。尽管如此，我们还是认识了许多有着类似经历的人，他们不加评判的倾听改变了他们的人际关系。唐·考尔斯（Don Cowles）之前是雷诺兹金属公司（Reynolds Metals Company）的一位人力资源主管，他分享了这样一个故事：在改变公司文化的过程中，不加评判的倾听是一个必不可少的环节。

"我当时是雷诺兹金属公司的人力资源主管，我们把所有的人力资源主管都召集在一起。问题是无论是在雷诺兹还是在整个行业，人力资源主管们基本上都是规则的执行者。'我们得实现大老板的愿望！'因此其他员工不仅不会视我们为工作伙伴，甚至有时候还会把我们当作敌人。在雷诺兹竭力营造的员工授权（employee empowerment）的文化氛围中，最大的问题就是：人力资源部门能否成为所有员工的盟友，放弃对这个系统的部分控制呢？"

为了做出这样的改变，唐决定邀请人力资源的主管们主动开启倾听之门——倾听外界的看法，倾听其他领导的想法，但最重要的是要相互倾听。

"我们本可以邀请顾客发表看法，邀请组织外的人来发言并表达观点。但后来我们请来了一位人类文化学家。他的观点是：员工都是生活在公司的故事之中的，而这个故事深深嵌入了公司的肌体，只是不同的人对它的看法不同而已。

"所以，我们制作了一个关于企业发展的历史时间线图表，并把它挂在了墙上。这个时间线覆盖的年份要比在房间里讲故事的那个最年长的人加入公司的年份，还要早上好几年，并一直延续至今。第一个练习就是把你经历的公司的历史文化事件写下来。接下来就是记录公司的重大活动，包括经济周期、裁员、工厂扩张、最新的人力资源流行语。最后是记录在当时的情形下，你的个人经历与它交叉的那些事情。

"我们发现，大家的经历如此迥异，主要是由他们进入公司的时间决定的。我是在40多岁的时候被任命为公司人力资源主管的，而其他人力资源专家大多是在五六十岁。公司要求我去当领导，主要是因为我没有被过去所束缚。后来我了解到，许多人对这种改变感到沮丧，因为这否定了他们多年来所做的一切。

"直到你听了其他人的叙述，才知道原来还有这么一回事。我不知道其他主管所做的努力，也不知道冷嘲热讽从何而来。这在某种程度上来说也是一种智慧——但我看不出来，因为没有经验。在学会倾听之前，我无法知道，其他人也无从知晓。"

唐向我们分享了他的重要见解：倾听是建立关系的核心方法。

"建立真正的关系需要你从一开始就表现出勇气，以及自己并非无所不知的谦逊。这始于你对自己无知的欣赏。

"老实说，一般人都很难理解不加评判的倾听到底有多重要，因为大多数人都认为这是一项自己已经掌握得很好的基本技能。我们经常在职场培训中进行积极的倾听练习。参与者常常会提到，很少有人能够专心致志地听完自己所说的话而不受到其他事物的干扰。鲜有人能够做到不插嘴，不去查看自己的手机或苹果手表，不去看时钟或电脑屏幕。我们总是被各种容易造成干扰的事物包围着，面对大千世界，大多数人很难做到充耳不闻，所以简单地倾听他人的心声也成为一种奢望。

"也许，比心不在焉的倾听更具破坏性的是，我们在用耳朵倾听他人话语时突然插嘴，引入自己的经历和故事。尽管彼此交谈和寻找共同点并没有什么错，但这毕竟不同于单纯的倾听，会让我们无法记清楚别人到底说了什么。因为一旦开始思考自己想说什么，你就会停止倾听。

"许多人本来就难以做到专心致志地倾听他人，所以一旦我们试着去倾听别人，无论他们是在观点上还是生活经历上与我们明显不同时，之前一般的倾听困难就转化为更大的挑战。尤其是当有人分享我们并不熟悉的经历，或者对经历的诠释挑战了我们的价值观时，我们就更难以做到不去打断、不去挑战、不去争辩，或以其他方式参与到对话中去。但是，如果我们想要尊重差异并建立真正的关系，那么上述做法都是我们必须避免的。原因在于，为了发现自身存在的盲点，我们必须仔细、深入地审视自我，只有这样才能真正倾听别人的观点。"

练习10：学会在共进午餐时倾听

马修对自己社交媒体圈存在的政治同质化（political homogeneity）感到不安，有一次他邀请一位政见不同的朋友共进午餐。他这样做的目的是什么呢？答案是倾听并理解，以确保自己不会把那些持有不同政见的人视为异类。

你的首要任务是找到一个人，这个人要么可以触发你的敏感情绪，要么他的观点是你无法理解或者不愿苟同的。你可以邀请这个人共进午餐。如果能力允许的话最好是你买单。尝试着问一些无关紧要的问题，然后，简单地倾听，不要反驳、不要挑战、不要争辩。如果这个任务对你来说是个挑战，那么请放心，我们只要求你请一顿午餐。但是要注意你自己的反应，问问自己什么时候会遇到挑战，为什么会遇到挑战。

如果像练习10这样的练习让你觉得太伤脑筋,那么你不妨去一个人流量大的公共场所观察一下周围的人,仔细观察并认真倾听。如果有完全陌生的人,那么请尽量允许他们存在。如果发生了有机互动,那么请不要阻止它。要待在现场,与别人交谈然后倾听。微笑时要友好自然而不是令人毛骨悚然。看对方的时候请注意不要一直盯着看。大多数情况下,你只需要倾听而不需要做任何评判。要留意你对完全陌生的人形成看法的频率,但不要因此而自责。我们都是这样做的。再强调一次,这是人的本性。所以,走出去,留意你所看到的事物,不要试图赋予它们太多的含义。我们更在意的是,你要养成留意别人和自己人性的习惯。一旦觉得自己会妄下判断或者怀有偏见,就请试着静下心来,听听咖啡馆、公园或火车站里面人们发出的嘈杂声,重新与人们建立关系。每个人都有自己的故事,当牢记这一点时,你的偏见就会逐渐远离你。

行动呼吁Ⅶ：逐渐减少对别人的评判

在评判的过程中了解自己，并做出不同的选择。你在评判他人时，评价的是他们无法控制的那些因素吗？是关于他们的样貌的吗？还是关于他们的背景的？请记住，对评判对象的选择更能说明的是我们自己，而不是被评判的人。评判别人是我们必须改掉的习惯。

》结语

当你读到这里时,就会明白,作为个体,我们确实有能力克服偏见,同时也能理解所有人都有偏见,这是很正常的。话虽如此,但当一大群有思想的人积极地致力于解决人际偏见问题时,会发生什么事情呢?人们可能会认为,如果更多的人能做出更好的改变,那么我们将在跨文化关系方面经历巨大的转变。最近对美国人口普查历史数据的一些分析结果,似乎印证了这一说法的力量,因为它回顾了20世纪初美国城市在住房领域实行的关于种族隔离的政策。《华盛顿邮报》的一篇文章《白人迁移(白人因担心市中心的治安而搬到郊区居住)要比我们想象的早得多》[1]就对这项研究进行了总结,并得出了如下结论(强调补充):

"我们今天所知的郊区实际上在20世纪初期并不存在,所以白人离开了这些社区搬到了城市的其他社区。这使得早期的白人迁移更加引人注目。他们搬去的地方,税收不一定比之前的地方低,学区也不见得比之前的地方好,这些因素使得后来几代白人迁徙的动机更加复杂化。所有的个人决定因素汇聚起来,就很好地解释了为什么种族隔离政策能在巴尔的摩、费城和芝加哥等地扎下根来。"

然而,实际情况是,这些个体的选择深深地嵌入了随后几十年建立的制度中,通过"红线政策"(Redlining:美国金融机构将贫困地区圈上红线,拒绝向这一地区的居民提供住房贷款)和联邦贷款项目、《士兵权利法案》(GI Bill of Rights)这些不平等的种族适用政策以及许多其他政策来强化种族隔离效果。因此,很显然,虽然个体行为会产生巨大而明显的影响,但随着时间的推移,制度已经衍化到这样一种程度:个体的集体行动可能永远无法达到能够引发系统性变革的临界点。

偏见临界点的问题在于:我们共同创造了无数相互关联的国家机构和全球体系,而恰恰是制度偏见促成了这些体系的运作。在含有偏见和特权的对话中,一些人之所以表现出抵触情绪,部分是由于制度偏见。为什么那些从有偏见的体系中获益最多的人,反倒想要鼓励公平的变革呢?偏见和公平之间其实有一个公共关系问题,它很像"多样化"这个术语。

作为多样化的实践者,我们一直致力于积极斗争,不断洗刷笼罩在多样化之上的负面污名。人们认为多样化是一个令人讨厌的字眼，解决有关多样化的问题意味着要去进行负面的宣传、诉讼，或者创造一种建立在恐惧之上的"政治正确"的文化，在这种文化中，每个人都如履薄冰。没有人想要去挑衅多样化。维持现状似乎比公开、透明和真正的包容要好一些。上述情况同样也适用于偏见和公平，只有当我们去考虑这些问题时，人们才会担心这是零和博弈：如果每个人都能公平地获得资源和机会，那么我们自身的机会就会减少。这是一种目光短浅的想法，原因在前几章都有详细的说明。实践证明，多样化对制度一直是有利的。董事会成员多样化的公司的表现往往优于那些成员趋同的公司，因为后者对公平和包容的恐惧毫无根据。一旦大多数人尊重差异并建立了真正的关系，我们就会有新的想法和动机去建立公正的体系，造福每个人——而不仅仅只是惠及像我们这样的人。

● **那接下来要怎么办呢？要处理系统中存在的偏差。**

你知道在美国如果把简历上自己的名字去掉一个字母，就会让你收到更多雇主的回电吗？如果去掉那一个字母会让你的名字听起来更像白人名字的话就会如此。有一个故事广为流传，它记载了一名叫若泽（José）的男子，由于缺乏潜在雇主的关注，感到很沮丧，于是他把自己的名字改成了乔（Joe），但简历上的其他所有内容都保持不变。[2]在短短一周的时间内，他就收到了雇方的回复。

这本书的内容不仅仅适用于个人，而且适用于更大范围内的组织、政府或其他机构。同质性会扼杀创造力，实事求是地说，克服偏见也适用于工作场所。如果领导者放任自己的偏见不管，一旦涉及在种族或性别等方面受保护的群体时，这种偏见可能就会引发代价高昂的诉讼。

组织就是圈子，所以包容性应该很强。它们越是多样化，越具有包容性，就越能吸引有潜力的人才，并聚集各种不同的人。重要的是要认识到，领导者需要有能力通过解决组织或机构内部的偏见问题来培养这种包容性。他们必须为扩大圈子和培养尊重差异而建立真正的关系的意识创造空间。领导者们应该经常问自己：

1. 谁现在是组织的朋友？

2. 对于圈子的扩张，我们是否有明确的途径？

3. 什么样的内部团体控制了我的组织？

这些组织的领导者经常问作者,如何扩大他们的网络圈子和目标市场。下面是我们的一些建议:

1.专业协会通常会有一些由少数族裔组成的类似组织,找到它们并派员工加入,与它们交谈并建立关系网;

2.增加为你公司提供产品和服务的小众供应商的数量;

3.参加社区大学和美国传统黑人院校(HBCUs)的招聘会;

4.加入少数族裔(亚裔、拉丁裔、非洲裔美国人)的商会;

5.赞助由边缘群体主办的活动(妇女大会、非异性恋者大会、残疾人觉醒运动);

6.询问你该如何帮助这些组织完成它们各自的使命。

我们现在该何去何从?是时候让我们睁开眼睛去看一下周围系统中存在的,并持续存在的所有偏见了。我们有道义上的责任去弄明白制度偏见的起源,它是如何演变或退化的,以及我们如何能够创造一个更强大、更完美，包含更少偏见的制度。偏见是一个分形概念，它的运作范围包括从个人观点到一对一的关系、家庭制度和组织结构，再到政府和全球的关系。我们接下来的任务是重新评估各个层次的系统，并确定我们当中谁有影响力和控制力来促进系统的改变。作为本书的作者，我们认为每个人都能对这个系统施加影响。现在，我们需要找到方法，利用这种影响力来推动每个人的进步。

练习清单

活动序号	章节	活动名称	简要描述
1	1	职业联想	识别职业偏见
2	1	内隐联想测验	识别人际偏见
3	2	个性化	识别敏感话题
4	3	故意唱反调	看到问题的两面
5	3	走出舒适区	让自己成为少数派
6	4	关于特权的TEDx演讲的威力	特权的威力
7	5	多样性清单	你所信任的圈子的多样性如何
8	5	文化清单	你的文化影响有多广泛
9	6	质疑你的假设	在TMI网站或下载的app上点击"（不要）猜我的种族"节目演示
10	7	学会在共进午餐时倾听	与那些观点和你有分歧的人共进午餐，然后倾听

» 注释

Chapter 1

1. Tom Bartlett,"The Trustworthiness of Beards," *Chronicle of Higher Education blog*, April 14, 2010, http://chronicle.com/blogs/percolator/the-trustworthiness-of-beards/22581.

2. Paul Verhaeghen, Shelley N. Aikman, and Ana E. Van Gulick, "Prime and Prejudice: Co-occurrence in the Culture as a Source of Automatic Stereotype Priming," *British Journal of Social Psychology* 50, no. 3（2011）: 501, doi:10.1348/014466610X524254.

Chapter 2

1. 已经在实验环境中尝试了各种干预措施,但它们的长期影响仍然未知。详见 Calvin K. Lai et al., "Reducing Implicit Racial Preferences: I. A Comparative Investigation of 17 Interventions," *Journal of Experimental Psychology: General* 143, no. 4（2014）: 1765–1785, http://dx.doi.org/10.1037/a0036260.

2. 这个类比要感谢Jay Smooth的TEDx演讲,这个演讲见http://tedxtalks.ted.com/video/TEDxHampshireCollege-Jay-Smooth.

3. Gordon W. Allport, *The Nature of Prejudice* (New York: Perseus Books, 1979).

4. Jayson Seaman, Jesse Beightol, Paul Shirilla, and Bart Crawford, "Contact Theory as a Framework for Experiential Activities as Diversity Education: An Exploratory Study," *Journal of Experiential Education* 32, no.3 (2010):207-225, doi:10.1177/105382590903200303.

5. Jennifer Mohaupt, Mary van Soeren, Mary-Anne Andrusyszyn, Kathleen Macmillan, Sandra Devlin-Cop, and Scott Reeves, "Understanding Interprofessional Relationships by the Use of Contact Theory," *Journal of Interprofessional Care* 26, no. 5(2012), 370-375.

6. Keith R. Ihlanfeldt and Benjamin P. Scafidi, "The Neighbourhood Contact Hypothesis: Evidence from the Multicity Study of Urban Inequality," *Urban Studies* 39, no. 4 (2002), 619-641, doi:10.1080/00420980220119499.

Chapter 3

1. David J. Kelly et al, "Three-Month-Olds, but Not Newborns, Prefer Own-Race Faces," *Developmental Science* 8, no. 6 (2005), P31-P36, doi:10.1111/j.1467-7687.2005.0434a.x

Chapter 4

1. Robert Ellsberg, ed., By Little and By Little: *The Selected Writings of Dorothy Day* (New York: Alfred A. Knopf, 1983), 109.

2. Dorothy Day, "Poverty and Pacifism," *Catholic Worker* (December 1944), accessed online at http://www.catholicworker.org/dorothyday/articles/223.pdf.

3. Diana Kwon, "Poverty Distrubs Children's Brain Development and Academic Performance," *Scientific American*, July 22, 2015, http://www.scientificamerican.com/article/poverty-disturbs-children-s-brain-development-and-academicperformance/.

Chapter 7

1. Rebecca Brent and Patricia Anderson, "Teaching Kids How to Listen," *Education Digest* 59, no. 5 (1994), 67-70 (summary reprint from 1993 article in The Reading Teacher).

结语

1. Emily Badger, "'White Flight' Began a Lot Earlier Than We Think," *Washington Post*, March 17, 2016, https://www.washingtonpost.com/news/wonk/wp/2016/03/17/white-flight-began-a-lot-earlier-than-we-think/?postshare=5601458329672363&tid=ss_fb.

2. Chelsea Vail, "José vs. Joe: A Case of Resume Racism," Capital Ideas blog, September 4, 2014, http://www.chicagobooth.edu/capideas/blog/2014/september/jose-vs-joe-a-case-of-resume-racism.

» 关于作者

蒂法尼·亚娜和马修·弗里曼是变革的推动者,他们在工作中相遇、相爱,一起创办了一家公司。他们是一对跨种族结合的夫妇,每天都以努力实现种族和解而自豪。作为一对由白人男性和黑人女性结合的夫妇,从统计学上来讲,他们这种婚姻在美国并不常见。他们意识到了这一事实,因为他们共同创立的公司注重多样性和包容性,他们共同努力为行业指标的发展开辟新天地。他们生活和沉浸在多样性之中,而且对共同的生活感到异常快乐。

蒂法尼早年跟随母亲进入了一个充满多样性和文化变革的世界。其母亲为她在墨西哥和德国的生活铺平了道路,这让她对外国文化有了独特的了解,并和其产生了联系。蒂法尼现在精通西班牙语和德语,拥有MBA学位,是组织领导学的管理学博士。在为公司发展倾心尽力之余,她通常还会和丈夫以及公司的联合创始人一起周游世界。

马修在很小的时候就发现了多样性，但在就读加拿大温哥华的研究生院时，对多样性有了新的认识，以一种全新的方式体验到了"异于常人"的感觉，因此他的世界观也随之发生了范式转移。自此之后，他一直在积极工作，把不同的人、不同的社区聚集在一起，使其跨越各种分歧。如果结果能够改变现状，那么马修会愿意为此冒险。他不仅跳出了思维定式，还亲身体验，居住在黑人聚居区。他是一个社区住宅的联合创始人，该住宅位于一个服务水平较低的社区。他还是问题青少年的良师益友。

他们的公司——TMI咨询公司是全球第一家在多样性和包容性行业中获得认证的共益企业。关于价值驱动的工作是蒂法尼和马修所倡导的商业模式的核心。TMI是一家以营利为目的的企业，但同时肩负着非营利性的使命。作为三重底线（triple bottom-line）经济的一部分，TMI可以使人们在免于处于边缘化的前提下实现利润最大化。蒂法尼和马修为能够将商业的力量引入全球共益企业社区而感到自豪。

这本书的诸多练习以及写作风格都反映了他们公司的精神以及对挑战性工作的渴望。虽然有关多样性的工作充满了压力，但这些联合创始人想出了一种专有的方法来量化、限定和激励这一困难的主题，而不是基于传统的赤字的方法。蒂法尼和马修更愿意关注为什么多样性是一种资产。无论马修和蒂法尼是做主题演讲、开研讨会，还是召开全体会议，总能使观众发出不少笑声，并与在场的参与者建立起更紧密的联系。

蒂法尼和马修一起抚养着三个孩子和两只猫。大儿子在上大学，17岁的二女儿和8岁的三女儿还有猫咪们在家里生活。马修和蒂法尼一起生活、工作并访问了美国48个州、加拿大8个省份和其他25个国家。

你可以在tmiconsultinginc.com网站上找到更多关于他们个人及工作的信息。

我们可以把控制偏见看作是遏制坏习惯，就像控制吸烟或者吃糖果一样。